U0529292

本书系 2016 年度海南省社科联马克思主义理论与思想政治教育研究专项《海南省高校网络评论工作队伍与工作机制建设研究》（项目号：Hnsz2016-9）阶段性成果。

本书得到海南大学马克思主义学院"部校共建马克思主义"项目经费资助。

本书系2016年度海南省社科联马克思主义理论与思想政治教育研究专项
《海南省高校网络评论工作队伍与工作机制建设研究》（项目号：Hnsz2016-9）成果

李辽宁 ◎ 主编
段捷频 周郭军 张君成 ◎ 副主编

网络舆论引导的理论研究与实践探索

(2017)

中国社会科学出版社

图书在版编目(CIP)数据

网络舆论引导的理论研究与实践探索.2017 / 李辽宁主编. —北京：中国社会科学出版社，2018.5
ISBN 978-7-5203-2254-6

Ⅰ.①网… Ⅱ.①李… Ⅲ.①评论性新闻-研究 Ⅳ.①G210

中国版本图书馆 CIP 数据核字(2018)第 059469 号

出 版 人	赵剑英
责任编辑	任　明
责任校对	周　昊
责任印制	李寡寡

出　　版	中国社会科学出版社
社　　址	北京鼓楼西大街甲 158 号
邮　　编	100720
网　　址	http://www.csspw.cn
发 行 部	010-84083685
门 市 部	010-84029450
经　　销	新华书店及其他书店

印刷装订	北京君升印刷有限公司
版　　次	2018 年 5 月第 1 版
印　　次	2018 年 5 月第 1 次印刷

开　　本	710×1000　1/16
印　　张	15.5
插　　页	6
字　　数	219 千字
定　　价	80.00 元

凡购买中国社会科学出版社图书，如有质量问题请与本社营销中心联系调换
电话：010-84083683
版权所有　侵权必究

海南大学党委常务副书记廖清林在网络评论大赛决赛开幕式上致辞

海南大学马克思主义学院李辽宁副院长主持报告会

海南省省委宣传部网络新闻管理处处长史盛东作报告

《南国都市报》主编陈清华报告会现场

海南广播电视总台原副台长李公羽先生作报告

海南日报理论评论部主任吴卓代表评委发言

评委审阅选手稿件

网评大赛开幕式现场

张君成老师点评会现场

报告会现场

讲座现场（一）

讲座现场（二）

网评淘汰赛现场

网评淘汰赛写作选手（一）

网评淘汰赛选手（二）

网评大赛现场风采

评委为选手颁奖

序　　言

　　当今世界正发生着急剧的社会变迁，网络技术的迅猛发展和广泛应用为信息的传播提供了新的手段和工具，催生了网站、网络论坛、网络视频、数字报纸和QQ、博客、播客、微信、微博等众多新媒体。这些新媒体以其数字化、多媒体化、快捷化的优势和虚拟性、开放性、隐蔽性、交互性、创新性的特点已成为当代大学生获取和交流信息的重要渠道，深受大学生的喜爱，正改变着当代大学生的学习、思维和生活方式，悄然影响着他们的思想观念、价值取向和行为方式。

　　我们清醒地认识到网络是一把"双刃剑"，它在为人们的学习、工作、生活带来便捷的同时，也因其充斥着不少颓废思想和论调带来不容忽视的负面影响。大学生正处于人生观、世界观、价值观形成的重要阶段，对人与事的辨别力和判断力不够强，往往容易受到各种不良信息的侵蚀和污染，影响着大学生的健康成长成才，影响着高校立德树人根本任务的完成，是我们加强和改进新形势下高校思想政治工作必须破解的热点和难点问题。

　　海南大学积极应对新媒体对大学生的思想政治教育带来的挑战和机遇，马克思主义学院"网络思想政治教育"教学团队积极探索的课堂教学、讲座培训、网络比赛"三合一"的人才培养模式，这既是海南大学贯彻落实习近平总书记关于"要运用新媒体新技术使工作活起来，推动思想政治工作传统优势同信息技术高度融合，增强时代感和吸引力"重要讲话精神的重要体现，也是海南大学创新学生思想政治教育方式的实践探索，更是海南大学主动把握学校意识形态工作主动权，不断加强意识形态阵地建设的具体行动。

为了更加深入而广泛的开展网络舆论引导的理论研究与实践，我校马克思主义学院李辽宁副院长主持将专家的理论研究成果、"海南大学网络评论大赛"的优秀作品和优秀选手的习作心得汇编成册，这必将有利于网络舆论引导的理论创新；有利于网络评论队伍的壮大，弘扬主旋律，激发正能量，使网络空间清朗起来；有利于高校因事而化、因时而进、因势而新，大力培育和践行社会主义核心价值观，不断提高大学生思想水平、政治觉悟、道德品质、文化素养，让学生成为德才兼备、全面发展的人才。

习近平总书记指强调，做好网络舆论工作是一项长期任务。希望更多老师、同学和社会人士积极参与到网络思想政治教育的事业中来，与海南大学马克思主义"网络思想政治教育"教学团队的师生们共同传播马克思主义科学理论，共同建设社会主义核心价值观的网上传播阵地，共同捍卫网络舆论阵地，为凝聚全面建成小康社会、实现中华民族伟大复兴中国梦的强大正能量而不懈努力！

廖清林

2016 年 4 月

目 录

第一部分 网络舆论引导的理论研究

论意识形态工作领导权与高校功能的发挥 …………………（3）
文化权力与意识形态安全
　　——兼谈加强大学生文化安全教育 …………………（12）
网络评论的要点与技巧 …………………………………………（22）
对网络评论的认识与思考 ………………………………………（29）

第二部分 2016年网络评论优秀作品

从"少年救人获刑"案看惩罚犯罪与保障人权 ………………（37）
南中国海——对抗还是协商？ …………………………………（39）
"papi酱被整改"事件之我见 …………………………………（41）
时代困境的缩影
　　——观《小别离》有感 ………………………………（44）
防止"童工猝死"现象需要多管齐下 …………………………（46）
凡事要有个度 ……………………………………………………（48）
让你的才华赶上你的野心 ………………………………………（50）
"阿里的月饼"，不该有的争论 ………………………………（52）
讲好中国故事，弘扬优秀传统文化 ……………………………（54）
西子湖畔，中国故事 ……………………………………………（56）

莫让献爱心者寒心 …………………………………………（58）
人性化执法，保持公信力 …………………………………（61）
白银连环杀人案背后应该引起反思的社会问题 …………（63）
治人治面要治心 ……………………………………………（65）
少一些道德批判，多一些实证研究 ………………………（67）
不要让资本绑架医疗 ………………………………………（69）
弘扬美德，拒绝道德绑架 …………………………………（71）
文明与否贵在知行合一 ……………………………………（73）
从快捷酒店"黑床单"事件看我国洗染业存在的问题 ……（75）
江山留遗迹，我辈复登临 …………………………………（78）
民主，我们是认真的 ………………………………………（80）
西方对我国的"精神殖民"值得警惕 ………………………（82）
追求独立自主不应以分裂国家和牺牲民族利益为代价 …（86）
我国新型隐身战斗机正式列装，三十年河东三十年河西 …（88）
"魏则西事件"：企业捡起责任，政府加强监管 …………（91）
向"执法能力"要"公信力" ………………………………（93）
师道尊严，不容践踏 ………………………………………（95）
莫将善心变为政府敛财工具 ………………………………（97）
维护两岸关系，做理性中国人 ……………………………（99）
莫把仁爱当筹码，来时悔恨武断言 ………………………（101）
城管执法网络直播：执法的一扇新窗 ……………………（103）
感动不能牺牲价值判断 ……………………………………（105）
青年人：莫为房价遮望眼　风物长宜放眼量 ……………（107）
让社会充盈诚信的空气 ……………………………………（109）
别让关爱成为口号 …………………………………………（111）
"鸡汤文"的佐料 ……………………………………………（113）
"两个服务"促医改 …………………………………………（116）
社会保险基金怎能简单互助 ………………………………（118）

"慢就业"：教育制度缺失的一种折射 …………………… （120）
他之殇：我们并非彼此的洪水猛兽 …………………… （122）
大学生的迷茫——不安或是不满？ …………………… （125）
电信诈骗，谁为伥鬼？ ………………………………… （128）
别让以生命为代价的电信欺骗再次上演 ……………… （130）
为什么我们开始逃离微博？ …………………………… （132）
女教师患癌遭开除，情与法皆不容 …………………… （134）
只许州官放火，不许百姓点灯 ………………………… （136）
网络直播需要套上"缰绳" …………………………… （138）
对"地域攻击"说"不" ……………………………… （140）
过度信息化带来理性的异化 …………………………… （142）
桃李虽艳，下成泥淖 …………………………………… （144）
我们需要真相，更需要符合事实的真相 ……………… （146）
沟通是解决问题的桥梁 ………………………………… （148）
弘女排精神，谱全新乐章 ……………………………… （150）
用"当官之法"杜绝"老虎、苍蝇" ………………… （152）
正视大学生"约炮"背后的性道德滑坡 ……………… （154）
给自己上一道法律的锁 ………………………………… （156）
我们拿什么交税？ ……………………………………… （158）
中医没有错，西医亦无罪
　　——从徐婷之死看中西医之争 …………………… （160）
真实，让新闻更有力量 ………………………………… （163）
我们，欠他们一个头条 ………………………………… （165）
勿让网络暴力逼死下一个乔任梁 ……………………… （167）
基础教育应着重"填谷" ……………………………… （169）
莫让"洪荒之利"消磨掉"洪荒之力" ……………… （172）
捍卫公德，你我之责 …………………………………… （174）
在享受福利的同时，请把义务也带走 ………………… （176）

不积跬步，无以至千里 …………………………………………（178）
莫让公物变为废物 ……………………………………………（180）
莫让公德在阳光下缺失 ………………………………………（182）
"双创"勿忘抓"文明" ………………………………………（184）
谁为损坏的自行车埋单 ………………………………………（186）
公共自行车不应成为文明城市之殇 …………………………（188）
自行车，自省德 ………………………………………………（190）
公共资源的管理和维护何去何从？ …………………………（192）
保护公共资源，刻不容缓 ……………………………………（194）
还公共资源一个应有的"身份地位" ………………………（196）
公共事业需要"事事关己"的态度 …………………………（198）
公共资源损坏谁之过 …………………………………………（200）
海口公共自行车频繁被偷，如何破？ ………………………（202）
"小马云"现象的背后：不要忘记网络之外的现实 …………（204）
透过小马云现象看脱贫：人外有人，山外有山 ……………（206）
不能让"赠人玫瑰，手有余香"成为一句空话 ……………（208）
精准扶贫：网红要承担起更多责任 …………………………（210）
慈善同心，致天下平 …………………………………………（212）
莫让私欲控制人心 ……………………………………………（214）
不要让网络直播肆意生长 ……………………………………（216）
警惕"网红"效应，切实做好扶贫工作 ……………………（218）

第三部分　优秀选手心得体会

我在网上说点啥 ………………………………………………（223）
用时光打磨最好的自己 ………………………………………（225）
潜心修炼　磨刃再战 …………………………………………（227）
新时代　新动向 ………………………………………………（229）

不忘初心，继续前进 …………………………………………（231）
扶着巨人的肩膀 ……………………………………………（233）
在理论与实践的滋养中提升网络评论技能 ………………（235）
积土成山　积水成渊 ………………………………………（237）

后记 ……………………………………………………………（239）

第一部分

网络舆论引导的理论研究

论意识形态工作领导权与高校功能的发挥

李辽宁

摘　要：人才培养、科学研究、社会服务和文化传承是高校的四大基本功能。这四大功能的有效发挥，在很大程度上取决于牢牢把握高校意识形态工作领导权。要办好中国特色社会主义大学，必须在人才培养上着力培养德智体美全面发展的社会主义建设者和接班人，在科学研究上坚持马克思主义的原则立场，在社会服务上坚持服务于国家战略和经济社会发展，在文化传承上成为先进文化的继承、传播和创新基地。

关键词：意识形态　领导权　高校功能

项目基金：本文系国家社会科学基金项目"非意识形态化思潮时社会主义核心价值体系建设的影响研究"（项目号：126KS094）阶段性成果。

习近平总书记在第二十三次全国高等学校党的建设工作会议上指出："加强党对高校的领导，加强和改进高校党的建设，牢牢把握高校意识形态工作领导权，是办好中国特色社会主义大学的根本保证。"[①] 这一论断为高校党的建设指明了方向。围绕总书记的讲话，学界进行了多维度的研究。在此，我们聚焦于高校的四大功能——人才培养、

---

① http://news.hexun.com/2014-12-29/171888182.html.

科学研究、社会服务、文化传承，探讨高校意识形态工作的领导权问题。

一 人才培养：高校要着力于培养德智体美全面发展的社会主义建设者和接班人

"培养什么人、怎样培养人"是全面贯彻党的教育方针的核心，也是高校党的建设与意识形态工作的核心。众所周知，意识形态的内核是价值观，而价值观教育自古以来就是学校教育的重要内容。在不同的国家、同一国家的不同历史时期，价值观教育的侧重点也有不同。而不同的价值观教育，折射出不同的主导意识形态。因此，一定历史时期的教育，总是服务于那个时期的主导意识形态，培养那个时代统治阶级所需要的人才。在这个问题上，所谓"脱离政治"、"超阶级"的人才是不存在的。列宁曾指出，资产阶级国家愈文明，它就愈会骗人，说学校可以脱离政治而为整个社会服务。事实上，资产阶级一方面竭力宣扬教育可以脱离政治而存在，一方面把贯彻资产阶级政治作为办学的重点，竭力通过办学替资产阶级训练这样的奴仆。因此，"社会民主党人在工人中间进行宣传的时候，不能避开政治问题，并且认为，想避开政治问题或者把它们搁置一边的任何做法，都是极大的错误，都是背离全世界社会民主主义的基本原理的。"[1] 与资产阶级的学校不同的是，无产阶级的学校"应当成为无产阶级专政的工具，就是说，不仅应当传播一般共产主义原则，而且应当对劳动群众中的半无产者和非无产者的阶层传播无产阶级在思想、组织、教育等方面的影响，以利于彻底镇压剥削者的反抗和实现共产主义制度。"[2] 这些论述至今对于我国高校坚持社会主义办学方向，牢牢把握好意识形态领域

---

[1] 《列宁选集》（第1卷），人民出版社1995年版，第143页。
[2] 《列宁选集》（第3卷），人民出版社1995年版，第744页。

的领导权和话语权，具有重要意义。

应当承认，我国意识形态领域并非风平浪静，在高校意识形态工作中，马克思主义同反马克思主义思潮的斗争一直或明或暗地存在着。最近一段时期发生的"王伟光事件"、"辽报事件"、"叙岚事件"等，使这一斗争和较量呈现出公开化、尖锐化、白热化的状态。这种较量的性质与资本主义国家中自由主义与社群主义的较量不一样。后者虽然有社群主义对于自由主义的批判，但是更多的是一种反思和修复，"社群主义并不是自由主义的敌人，而是同道者，他们仍然共享着基本的政治价值理念。"[①] 相比之下，我国意识形态领域的斗争则直接威胁到马克思主义的指导地位，威胁到我国主导意识形态安全，威胁到高等教育培养人才的质量和方向。

《中华人民共和国教育法》和《国家中长期教育改革和发展规划纲要（2010—2020年）》明确规定，教育必须为社会主义现代化建设服务，必须与生产劳动相结合，培养德、智、体等方面全面发展的社会主义事业的建设者和接班人。这里的"德"既包含思想道德素质，也包含政治素质。因此，所谓"坚持德育为先"，不是要在教育中传播资本主义价值观念，而是要把社会主义核心价值体系融入国民教育全过程，以马克思主义中国化最新成果教育，引导学生形成正确的世界观、人生观、价值观；"加强理想信念教育"，不是要树立资本主义信仰、宗教信仰或者其他什么信仰，而是要坚定学生对中国共产党领导、社会主义制度的信念和信心；"加强民族精神和时代精神教育"，不是要超越一切国家、民族和时代，而是要增强学生对中国特色社会主义的爱国情感和改革创新精神；"加强社会主义荣辱观教育"，就是要培养学生团结互助、诚实守信、遵纪守法、艰苦奋斗的良好品质；加强"公民意识教育"，不是要培养资本主义的自由民主人权意识，而是要

[①] 杨威：《自由主义与社群主义的双重变奏》，《武汉大学学报》（哲学社会科学版）2014年第6期。

树立社会主义民主法治、自由平等、公平正义理念，培养社会主义合格公民。原清华大学校长蒋南翔先生说得好："社会主义教育与资本主义教育最根本的区别有两点：一是服务方向。资本主义教育为资产阶级服务，社会主义教育为无产阶级和广大人民群众服务。二是社会主义教育应该由共产党来领导。一个服务方向，一个领导权，泾渭分明，决不能含糊。"[①] 此言极是。高校意识形态工作必须紧紧围绕培养中国特色社会主义事业合格建设者和可靠接班人这个根本任务，为建设能够培养高质量大学生的社会主义大学提供坚强的思想、政治和组织保证。

二 科学研究：学术研究要有正确的价值立场，不可能完全"价值中立"

改革开放以来，随着我国经济社会的快速发展，人们的生活方式和思维方式呈现多元化发展趋势，不同社会思潮对人们的思想观念带来巨大冲击，特别是在高校，思潮之间的理论交锋更加激烈。与理论交锋相映衬的是，社会思潮已经介入到日常生活，成为影响社会发展不可忽视的力量。比如，2014年香港部分高校的教师和学生在西方反华势力的支持下，导演了所谓"占中"闹剧，让世人看到社会思潮的实质及其对现实的影响。如果不能正确看待意识形态领导权的重要性，势必会影响到国家的意识形态安全和社会的繁荣稳定。

在众多的社会思潮当中，有一种"非意识形态化"思潮容易引起人们的混淆。从来源来看，这种思潮可以追溯到西方近代以来在社会学领域出现的"价值中立"观念。这一观念传入中国以后，在人文社会科学领域产生了巨大的影响和争论，涌现出各种不同的"去政治化"话语，对高校教师的学术研究乃至社会的主导意识形态建设都产生了

---

① 周远清：《坚持教育的社会主义方向》，《中国高教研究》2004年第2期。

深远的影响。对此，笔者曾撰文予以梳理和分析，在此不必赘述。① 其中的要点是，要区分两种不同出发点的"去政治化"话语：一种是从善意的主观愿望出发，为避免出现"泛政治化"而对学术研究带来伤害，或者为了避免政治上的争论而错失发展良机，故而刻意弱化或者回避政治，企图通过"回避政治"或采取非政治性手段来解决现实问题；另一种则是在主观意愿上要取消马克思主义的指导和中国共产党的执政地位，通过全盘西化走西方式发展道路。这两种话语，我们要认真甄别。前者涉及人文社会科学的学术性与政治性的关系，我们认为既要坚守学科自身的主体性，又要对丰富多彩的社会生活给予足够的观照，在二者之间保持应有的张力；对于后者，对于打着"价值中立"之名、行消解主导意识形态之实的做法，则需要坚决批判，以澄清理论，引导社会舆论。

有些人把西方的"自由"、"民主"、"人权"价值观看作"普世价值"，以为在高校宣传这些理念就是坚持"科学立场"、"价值中立"，实际上只能是一厢情愿。美国虽然在理念上四处标榜"自由"、"民主"、"人权"，但是在行动上无不以其国家利益为最高原则。所谓"自由"、"民主"、"人权"都只限于美国自己及其盟国能够享有，至于别的国家，则要看其是否服从美国的号令来贴上不同的标签，并给予不同的金钱或武器援助，或是给予相应的经济制裁、培植反对派，乃至直接的武力打击以颠覆他国政权。正如俄罗斯战略文化基金会网站刊文指出："美国整个外交机构和整套实施外交政策的机器一刻不停地在美国外交官所到之处灌输'美国思维'和'顺从美国'的思想。'民主=我们'的公式意在向全世界指出，如果没有美国，如果不以美

---

① 参见李辽宁《当代中国"去政治化"话语评析》，《红旗文稿》2014 年第 4 期；《国内非意识形态化思潮产生的原因、本质及其应对策略》，《思想政治教育研究》2012 年第 5 期；《非意识形态化思潮研究的历史、现状与评析》，《教学与研究》2012 年第 7 期。

国的利益、目标和需求为上,这位'穿着美国制服的女士'(指民主)就根本不会存在。"①

需要强调的是,美国高校从来都不放松意识形态教育。不仅如此,美国通过各种手段向到美国留学的学生灌输美国价值观。据美国《华盛顿邮报》2014年8月28日一篇题为《SAT如何侵蚀中共》的文章报道,2014年年初,美国大学委员会修改了SAT(美国学术能力评估测试)的大纲,在阅读题中加入《独立宣言》、美国宪法等选段,希望学生们了解"自由、公正和人类尊严"的价值观。该测试还将就基于这些价值观的国际知名演讲对学生进行测验,如马丁·路德·金的思想及梭罗等的著作。SAT培训老师凯莉·杨(音)表示,新版考试将把美国价值观灌输到易受影响的中国年轻人头脑中,"成千上万的中国学生将以学习二次方程式的热情和坚韧来研读《独立宣言》。"② 若新版SAT取得成功,这将是美国首次能够系统性地塑造中国学生的观念、信仰和意识形态,并非通过热门电视剧或政客演讲,而是通过中国人最看重的东西——考试。对此,我们一定要有清醒的认识。

三 社会服务:高校要服务于国家战略和经济社会发展,传播正能量

高校的社会服务功能主要体现在三个方面:人才培养培训、成果推广转化、社会舆论引导。这里的人才培养培训,既包含着高校向社会输出毕业生,还包括对于已经踏入社会、具有社会职业的社会成员的培训;成果推广转化,指的是将研究成果向社会宣传推广,以及将高校与企业、市场结合起来,使高校的研究成果能够应用于经济社会发展,提高社会发展的科技水平和管理水平,以提高劳动生产率;社

---

① http://news.xinhuanet.com/world/2011-02/23/c_121115542.htm.
② http://war.163.com/14/0830/13/A4TBNUF700014OVF.html.

会舆论引导是指引领社会风气，为整个社会的精神文明建设创造良好氛围。其中，"人才培养培训"在前文"人才培养"功能中已有阐述；"社会舆论引导"将在后文"文化传承"功能中探讨，在此仅就"成果推广转化"中与意识形态工作相关的问题进行探讨。

成果推广转化，是高校研究成果社会价值的实现过程，也是科学知识得以检验的重要环节，其中蕴含着知识的创造和再生产。在此过程中，与意识形态工作相关的问题包括：一是研究成果的选择问题，即把哪些研究成果予以推广，以服务于广大民众？二是推广科学知识和成果转化的方法论问题，即如何推广普及科学知识？通过何种途径促进成果转化？如何实现科学知识的再创造？三是服务对象的选择问题，即研究成果服务于哪些社会群体？四是政府与市场的关系问题，即在此过程中，政府处于怎样的角色？允许哪些社会组织参与以及参与程度如何？五是高校的角色问题，即在服务社会的过程中，高校仅仅是提供研究成果，对社会发展的成绩进行肯定和褒奖，还是对于社会发展中的问题予以反思与批判，抑或是二者兼有？对这些问题的不同回答，体现了不同的价值立场，即不同的意识形态观念。

作为社会主义大学，在面对以上问题时，必须坚持"三个有利于"标准，即有利于生产力的发展要求，有利于先进文化的前进方向，有利于最广大人民的根本利益。在服务社会的过程中，要努力发挥好"智库功能"。所谓智库功能，即作为智库角色所具有的功能，指的是在国家经济社会发展中，一定的组织或行为主体在战略研究、咨政建言、理论创新、舆论引导、社会服务和对外传播等方面发挥的作用。高校具有人才、科技、研究设施等资源优势，理应充当好智库角色，为国家和地方的经济社会发展建言献策。如果说高校的人才培养等教育功能的发挥，主要是对国家相关路线、方针、政策进行理论研究和宣传推广的话，那么其智库功能则是将功能发挥的时间点前移，在国家制定相关政策之前，就一些与经济社会发展特别是意识形态领域的重大问题进行研究，从而为国家制定相关政策提供决策参考。可以说，智库功能的提出，是高校的角色自觉，也是高校在新的历史时期的社会使命和责任担当。

四 文化传承：高校要成为先进文化的继承、传播和创新基地

高校的文化传承功能包含三个方面：对优秀历史文化的继承与传播、对优秀外来文化的选择与吸收、对先进时代文化的创造与升华。这三个方面，集中体现在高校校园文化之中，渗透在高校的办学理念、制度规范、校园环境和师生行为之中。由于文化与意识形态的紧密关联，决定了高校文化软实力建设必然成为把握意识形态工作领导权的着力点。

第一，继承与传播优秀传统文化。中国传统文化博大精深，内涵丰富，很多思想透过历史的长河至今闪烁着真理的光辉。当今世界遇到的一些全球性问题，比如全球气候变暖和生态恶化、人与人之间及国家之间的关系、国家治理的手段等问题，在中国传统文化中都能找到非常精彩的论述。习近平总书记多次论述民族传统文化的重要性，"民族文化是中国梦的魂和根"、"一个国家、一个民族的强盛，总是以文化兴盛为支撑的"。为此，他强调："对中国人民和中华民族的优秀文化和光荣历史，要加大正面宣传力度，通过学校教育、理论研究、历史研究、影视作品、文学作品等多种方式，加强爱国主义、集体主义、社会主义教育，引导我国人民树立和坚持正确的历史观、民族观、国家观、文化观，增强做中国人的骨气和底气。"[①] 高校作为人才培养的重地，毋庸置疑应该承担起传承优秀传统文化的历史使命。

第二，选择与吸收优秀外来文化。文化具有地域性和历史性，它总是与处于一定时空的人相伴相生，反映该时代、该地域人们的思想

---

① http://news.xinhuanet.com/politics/2014-02-28/c_126206419.htm.

观念、价值理念和行为方式。也正因如此，文化不可避免地具有一定的局限性。所谓文化的先进与落后，都是相对的，都是与一定阶段的社会历史发展趋势和人的生存需要相比较。如果要给先进文化设定标准的话，可以考虑两条：有利于促进人类社会的和谐与繁荣发展，有利于促进人的自由全面发展。以此为基础，我们可以对世界各国的文化进行比较、甄别和分析，从中选择和吸收优秀的文化因子，使得我国的文化更加滋润和丰满，更加具有时代气息。

第三，创新与升华先进时代文化。时代性是衡量文化先进性的重要指标，而文化是否具有时代性，关键在于该文化能否把握时代主题，认清时代任务，引领时代潮流。就当今世界而言，和平与发展是时代主题，包容合作与共同发展是时代任务，科技发展与创新驱动是时代潮流。创新与升华时代文化，必须围绕这些内容而展开。高校作为文化研究和传播的高地，在此方面具有得天独厚的优势。要做到这些，必须以社会主义核心价值体系为引领，以高校党建工作创新为抓手，全面优化高校的领导作风、教师教风和学生学风，推动高校校园文化建设不断迈上新台阶，把高校建成全社会的科技高地、文化高地和道德高地。

本文发表于《学校党建与思想政治教育》（2015年10月）

文化权力与意识形态安全

——兼谈加强大学生文化安全教育

李辽宁

(海南大学马克思主义学院，海南 海口 570228)

摘 要：在当今世界，文化权力正在与经济权力、政治权力、军事权力相结合，成为西方发达国家企图称霸世界的强力手段之一。随着国际国内形势的发展，关于文化安全教育的问题越来越凸显，成为事关我国国家安全的重要课题。学习贯彻中共十七大以及十七届六中全会精神，需要进一步充实大学生思想政治教育的内容，把文化安全教育提升到一个新的高度。

关键词：文化 权力 意识形态 安全教育

意识形态安全问题无疑是当代中国经济社会发展面临最重大的挑战之一。而意识形态建设的重要任务，就是要加强文化安全教育。随着国际国内形势的发展，关于文化安全教育的问题越来越凸显，成为事关国家安全的重要课题。党的十七大报告提出要提高国家文化软实力，建设社会主义核心价值体系，增强社会主义意识形态的吸引力和凝聚力；十七届六中全会进一步提出深化文化体制改革，推动社会主义文化大发展、大繁荣，努力建设社会主义文化强国。这些文件精神对于加强我国文化安全和意识形态建设具有重要指导意义。学习贯彻中央文件精神，需要进一步充实大学生思想政治教育的内容，把文化安全教育提升到一个新的高度。

一

在现代思想理论界,文化和权力的关系问题早已成为学术研究的热点,并且在西方形成了文化与权力相互建构的主流性看法。[①] 特别是在葛兰西提出"文化霸权"(culture hegemony)概念并对其进行了极富创见性阐释之后,文化和权力的内在联系更加受到人们的高度关注,以至于"文化权力"成为人们追捧的热词和重要研究对象。

比如,在福柯的"知识/权力"理论看来,近代以来的文明社会,对人的肉体的束缚和压迫并没有解除而只是转换了形式:野蛮的"惩罚"受到了限制,但理性和知识施加于人的"规训"和"纪律",即通过"教训、话语、可理解的符号、公共道德的表象"对人的头脑、思想的训练和控制越来越强化了。[②] 在布尔迪厄的"文化权力"理论中,文化是一种能够把现存社会安排合法化的符号权力,这种权力常常与经济资本或政治权力相交换,而所有的文化符号与实践都体现了社会"区隔"(difference),即区分和隔离不同阶层的功能。[③] 在鲍曼的"知识分子"理论中,知识和权力的结盟成为现代性的主要特征,担任着"立法者"的现代型知识分子在后工业社会中不再具有权威话语,应该由后现代知识分子来充当阐释者角色,对文本的意义进行阐释,并在不同的共同体之间进行沟通交流。[④] 而在萨义德的"东方学"

[①] 张曙光:《权力话语与文化自觉——关于文化与权力关系问题的哲学思考》,任平、陈忠:《当代视野中的马克思主义哲学》,人民出版社2010年版,第594页。

[②] [法]米歇尔·福柯:《规训与惩戒》,刘北成等译,生活·读书·新知三联书店1999年版,第123—124页。

[③] [美]戴维·斯沃茨:《文化与权力》,陶东风译,上海译文出版社2006年版,第147—148页。

[④] [英]鲍曼:《立法者与阐释者》,洪涛译,上海人民出版社2000年版,第163—166页。

看来，西方的文化霸权不仅体现在西方社会内部，更体现在西方与东方的关系上。"东方学"作为西方学术知识的一个门类，实质上是西方人从理论上支配东方的工具。由于东方人也认同了西方关于东方的话语，因而西方对于东方的强权常常被当做是科学的真理而被人们所接受。①

按照约瑟夫·奈的"软权力"理论，文化权力属于"软权力"范畴。如果说硬权力是指通过威胁或者奖励，让别人做他们不想做的事情的能力，那么软权力是指通过吸引力而非强制性手段，让他人自愿追求你所要的东西的能力。②换句话说，"硬权力"的运用表现为借助引诱（"胡萝卜"）或者威胁（"大棒"）手段，直接迫使他人改变自己的意志或者行为。而"软权力"的运用则表现为通过自己思想的吸引力或者决定政治议题的能力，让其他国家自愿效仿或者接受体系的规则，从而间接地促使他人确定自身的偏好。具体说来，主要包括三个方面的内容：文化（culture）吸引力、意识形态（ideology）或政治价值观念（political values）的吸引力、塑造国际规则和决定政治议题的能力。③

从上述不同理论中我们都可以看到，文化已经成为一种能够对他者产生影响力的重要因素之一。其中的关键在于，文化发挥着意识形态的功能，即一定的文化总是与一定的思维方式、价值理念相联系，它或隐或现地成为一定阶级或社会集团的利益辩护者。一些西方学者把西方价值观甚至是美国的价值观当作"普世价值"四处推销，并通过其强大的舆论宣传工具，强化其权力话语。所谓权力话语，"指的是

---

① [美] 萨义德：《东方学》，王宇根译，生活·读书·新知三联书店2000年版，第57页。

② Robert O. Keohane and Joseph S. Nye, Jr., *Power and Interdependence in the Information Age*, Foreign Affairs, September/October 1998.

③ 张小明：《约瑟夫·奈的"软权力"思想分析》，《美国研究》2005年第1期。

由各种社会权力构造和选择的话语，或旨在争取和维护某些人的利益和优势地位的有说服力、影响力的'说法'。"① 这种"说法"具有强烈的意识形态性，它关注的不是"事实的真相"或者"应该是怎样的"，而主要关注"是不是符合我们的利益"。这样一来，拥有一定的文化，就意味着拥有一定的权力话语。

在西方中心主义者看来，凡是与西方文化和价值观念一致的就是"先进"的，也就具有存在的正当性和普遍性；相反，凡是与西方文化和价值观念不一致的，就是"落后"的，不具有存在的正当性和普遍性，必须被"改造"甚至被"清除"。从本质上讲，这种思维方式的出发点是利益。换句话说，在全球化时代，文化权力表面上指向的是话语权问题，其本质还是利益问题。拥有话语权，意味着拥有对利益分配的主导权。包括如何解读"全球化"本身，不同的利益集团具有完全不同的解读方式和内容：在广大发展中国家看来，全球化意味着国际交往的扩大和国家间相互依存度的提高；但是在西方发达国家看来，全球化意味着"西方化"甚至就是"美国化"。正因为这样，才会有"文化多样化"与"文化全球化"、"政治多极化"与"政治一体化"之争论。而美国的对外政策，正是在不断地维护和加强"世界美国化"或者"美国主导世界"的进程。当然，在此过程中，美国及其盟友不仅仅运用软权力（文化输出）来强化他国对美国话语权的认同，还大量运用硬权力对不认同美国及其盟友话语权的国家进行遏制和打击：从经济制裁、支持反对派，到赤裸裸的武力威胁和入侵（就像已经在利比亚发生和可能即将在伊朗、叙利亚发生的那样），手段多样，花样翻新。可见，文化权力正在与经济权力、政治权力、军事权力相结合，成为西方发达国家企图称霸世界的强力手段之一。

---

① 张曙光：《权力话语与文化自觉——关于文化与权力关系问题的哲学思考》，任平、陈忠：《当代视野中的马克思主义哲学》，人民出版社 2010 年版，第 596 页。

二

文化权力与意识形态安全之间具有同一性的关系：文化权力越强大，意识形态的安全度越高；反之，文化权力越弱小，意识形态的安全度越低。所谓意识形态安全，是指一个主权国家的主导价值体系免于遭到来自内部或外部因素的侵蚀、破坏或颠覆，从而能够很好地保持自己的价值传统，在自主创新基础上吸收和借鉴一切对自己有利的价值观念和生活方式。对于文化权力的重要性以及我国意识形态安全所面临的严峻挑战，需要引起广大民众特别是当代大学生的高度关注。这种挑战既有来自国外的，也有来自国内的，主要包括：

第一，中西方意识形态差异巨大，使我国意识形态建设的成本很高。在与西方国家的关系上，我国意识形态安全面临双重压力：一方面，作为世界上最大的发展中国家，我国在发展理念、发展策略（这也属于意识形态）上与西方发达国家存在巨大差异；另一方面，作为当今世界上为数不多的社会主义国家之一，我国在主导意识形态上与整个资本主义世界存在根本性的对立。就前者而言，中国经济的快速发展，对世界经济的平稳发展具有极大的促进作用，但对于西方发达国家而言是矛盾的心态：既需要中国又担心中国；就后者而言，中国的日益强大对于西方发达国家来说是一种威胁，必先摧毁之而后快。无论哪一种情况，西方国家都不希望中国真正强大起来，于是总是采用各种方式和手段打压和遏制中国。这样的情况不胜枚举。在刚刚结束的达沃斯论坛中，美国财长盖特纳没有从其自身的角度思考世界经济危机的根源，而是指责中国，认为"中国确实对全球经济构成了前所未有和强大的挑战"，"中国的补贴和操纵汇率扭曲了全球经济"。[①]还是法国经济学家热拉尔·迪梅尼尔一语道破实质："当前的经济危机

[①] 《美财长达沃斯横生枝节批中国》，《参考消息》2012年1月29日。

不是简单的金融危机，而是新自由主义这一不可持续的社会秩序的危机。这场危机迟早会以某种形式爆发，但它在 2007—2008 年以一种特殊的方式在美国爆发了。两种机制融合在了一起：一方面，我们发现了在疯狂追逐利润和拒绝监管的思想驱使下，金融化和全球化的做法造成所有新自由主义国家的脆弱性，作为金融全球化的结果，美国的中央银行失去了对利率的控制和引导宏观经济政策的能力；另一方面，危机是美国经济失衡的结果。"①

第二，西方文化强势渗透，使我国意识形态建设面临的困难增大。改革开放以来，伴随着西方的资金和技术的输入，西方文化也不断涌入国门，冲击着人们原有的思想观念。毋庸置疑，西方文化中包含着很多优秀的价值理念，这些价值理念在一定程度上反映了现代化发展的方向，值得我们学习和借鉴。但是，我们也要清醒地认识到，西方文化中既有精华也有糟粕，比如极端个人主义、享乐主义、西方中心主义等。精华需要吸收，但糟粕必须抵制。即使是那些反映现代化发展方向的价值理念，我们也要充分考虑其经由产生的西方传统和西方道路，不能全盘拿来主义。毕竟中国传统不同于西方传统，中国道路也不同于西方道路，更不用说那些扎根于"西方中心主义"话语产生出来的价值理念，特别是那些企图诋毁我国形象的意识形态攻击。

第三，现代化进程带来生活方式多样化，对我国意识形态的功能提出新的挑战。随着我国现代化进程的加快，人们的思想观念和生活方式也越来越多样化。在这种背景下，原有的意识形态体系显得越来越难以满足需要，其价值导向和精神支柱的功能受到挑战。对于一些人来说，对外来文化的盲目崇拜，对他者话语的刻意模仿，几乎成了所谓"现代化"、"与世界接轨"的典型范式。与此同时，一些优秀的传统道德和价值理念正在被边缘化：厉行节约、勤劳简朴的生活道德在"追求高质量生活"的强势话语下显得软弱无力；诚实守信、老少

---

① 《西方危机实乃新自由主义危机》，《参考消息》2012 年 1 月 29 日。

无欺的市场道德在"拜金主义"面前显得弱不禁风；互帮互助、团结友爱的人际道德在"多一事不如少一事"的道德冷漠中显得十分脆弱……这些都是社会精神文化不健康的表现。一旦失去了优秀传统文化的根基，中国主导的意识形态建设将因失去自身的文化血脉而陷入危机。

第四，网络文化的迅猛发展，为我国主导意识形态建设增添新的难度。对于意识形态建设而言，网络是一把双刃剑：一方面它有利于体现网络的个性化特点，弘扬民主文化、个性文化，发挥个体的主体性和积极性，这对于培养网民的民主参政意识，发挥个体的积极性、创造性具有重要作用；另一方面，网络的多端性、匿名性和虚假信息的不可控性，导致各种网络不文明现象的产生，网络中大量低俗、色情信息也不利于网络文化的净化。同时，网络还是现实的延伸，现实中意识形态的争斗都在网络中有所体现。近年来，中东、北非的政局乱象中，可以看到网络推手的重要影响。2012年1月25日，美国联邦调查局（FBI）公布监控社交网站计划，他们认为可以利用从社交网站上搜集到的信息来更好地应对危机，甚至预测危机。[①] 随着网络日益走进人们的日常生活，我国网民人数的日益增多，社会生活中的各种信息随时都可以通过网络迅速传播开来，境内外敌对势力利用网络对我进行意识形态攻击、企图搞"和平演变"的图谋一刻也不曾放松。由美国网络安全公司McAfee与总部设在布鲁塞尔的智库"安全与防御议程"（SDA）共同完成并发布的最新网络安全调查报告称，网络防御能力中国仅排中下游。[②] 因此，网络作为意识形态争斗的重要阵地，它在方便人们日常生活的同时，也对我国主导意识形态建设增添新的难度。

[①] 《FBI计划全面监控社交网站》，《参考消息》2012年1月27日。
[②] 刘洋：《网络防御能力中国仅排中下游》，《环球时报》2012年2月1日。

三

相对于其他群体而言，青年大学生具有敏感性高、接受新事物快、创新意愿强烈等特点，同时由于青年大学生对于国家发展的重要性，赢得青年不仅是赢得"未来"的前提，而且是赢得"现在"的重要条件，所以他们理所当然是文化安全教育的重要群体。在当前我国大学生思想政治教育的内容体系中，关于国家安全教育的问题主要体现在《形势与政策》或《军事理论》等课程中，在文化安全教育方面显得很不够，还应该在内容上增加篇幅。笔者认为，从根本上讲，加强大学生的文化安全教育，就是要让大学生自觉树立起文化安全意识，提升维护文化和意识形态安全的能力。为此，需要从以下方面着手：

第一，认清形势，形成共识。认清形势，才能构建文化安全教育的战略框架；形成共识，才有接受教育的前提。关于文化安全教育，重点需要讲清楚几个问题：一是要讲清楚当前我国所面临的国际形势，特别是中外文化发展的差异、西方文化在世界范围内的渗透和扩张，以及由此给我国意识形态安全带来的挑战和影响；二是要讲清楚我国国内形势，特别是我国经济社会发展所处的历史阶段和特点，以及现阶段我国文化发展需求与文化供给能力之间的矛盾；三是要讲清楚我国文化自身发展的形势，包括我国传统文化的发展轨迹、演变的内在规律、精华和糟粕，让学生懂得哪些是需要继承和发扬的，哪些是需要发展和改造的，哪些是需要抛弃的。只有这样，才能真正做到知己知彼，从而树立文化自信，激发文化自觉，形成文化认同。

第二，凝练价值，提供"营养"。当前我国仍处在从计划经济向市场经济转型、从农业社会向工业社会转型时期。这一时期面临的矛盾是：一方面，经济社会发展迅速，社会财富大大增长，人们追求多样化生活方式的机会大大增加；另一方面，原有的价值系统没有得到及时的更新和重建，难以为新的生活方式提供更强大的精神动力。于是，在经济基础和上层建筑之间出现了脱节，在社会存在和社会意识之间出现了错位，导致社会精神危机的出现，这是国家"成长的烦恼"。在这个时期，需要广大理论工作者根据现实需要，凝练社会主导价值观念系统，为人们的日常生活提供价值引导。一个迫切的问题是：在建设社会主义核心价值体系已成为共识的情况下，如何凝练社会主义核心价值观念？如何认识社会主义核心价值观与西方价值观、中国传统价值观的联系和区别？这是当前争取我国文化话语权和意识形态建设中的一个重大而紧迫的课题。

第三，多维甄别，强化导向。越是在社会转型期，人们的思想观念越多样化，社会思潮也就越活跃。当前，对我国主导意识形态建设影响较大的社会思潮主要有：盲目追求"市场化、私有化、自由化"的新自由主义；主张"我消费，故我在"的消费主义；强调"一切为了发展"的发展主义；"价值中立"的公共知识分子思潮；"超越意识形态"的普世价值观；"告别革命，远离崇高"的后现代主义，以及"重估历史"的历史虚无主义等。加强意识形态建设，需要对这些社会思潮进行认真的甄别，了解其理论特点、形成途径、本质内涵及其社会影响，掌握其折射的社会心理和利益诉求。在此基础上，用社会主义核心价值体系为标准进行批判性分析，吸取其合理营养，为我所用。

第四，加强法制，"护"、"建"并举。文化安全的维护不仅需要自觉和自律，更需要法制的强制要求和对违法行为的惩戒。在这方面，我们可以学习一些文化安全保护做得好的国家。比如，法国为了保护其传统文化，相继出台了《保护与修复历史古迹法》（1962、1965）、《古迹保护法》（1967）、《遗产捐赠与继承抵偿法》（1968）、《建筑法》（1977）、《图书单一价格法》（1981）、《著作法》（1986）等。20世纪的90年代，法国在宪法第二条下特意增加"共和国的语言是法语"的附加条款，后来又通过著名的"杜蓬法"，明确规定所有公共场所的标语、公告牌必须用法语书写，原文是其他语种的也要翻译成法语，违者将被课以重金罚款。① 目前，我国不乏关于文化安全教育方面的指导性文件，如十七届六中全会上通过的《中共中央关于深化文化体制改革推动社会主义文化大发展大繁荣若干重大问题的决定》等，但这些文件都是倡导性的，缺乏强制性约束力。在某些领域（网络管理）也有管理规范，但没有上升到法律的层面，还需要制定类似《文化安全法》等法律规范，为文化安全和意识形态建设保驾护航。

发表于《学校党建与思想政治教育》（2012 年 4 月）

---

① 肖云上：《法国的文化政策》1999 年第 6 期。

网络评论的要点与技巧

吴 卓

摘 要：在互联网时代，网络评论已经逐渐成为各大新闻网站设置的必备栏目。网络评论的内容涉及社会问题的方方面面，并日益在社会生活中扮演着越来越重要的角色。与传统的新闻评论不同，网络评论具有时效性、交互性、平等自由等鲜明的特征，同时也出现假新闻引发的评论、同质化、随意性强等不足，需要我们予以全面认识，力求使其得到健康发展。

关键词：网络评论 时效性 社会问题

评论是新闻媒体的旗帜和灵魂。在互联网时代，评论仍然具有非常重要的舆论引导力量。在互联网媒介的蔚然勃兴的时代背景下，评论及时适应时代，在坚守传统媒体阵地的同时，也把阵地向新媒体延伸。当前，网络评论已蔚为大观，成为新闻评论的重要组成部分。

一 网络评论的分类和基本特点

（一）网络评论的分类

网络评论有广义和狭义之分，广义的网络评论是指发表在网络上的评论，包括各种各样形式的评论，网络跟帖、顶帖、点赞、拍砖等。

直抒胸臆的跟帖式评论，人人可参与，没有字数限制，是网络民意的重要表达渠道。而狭义的网络评论是指就某一新闻事件进行评论并以完整的文章形式发表在网络上的评论，也就是常规意义上的时事评论。这种评论有一定的行文要求，对写作者要求相对较高，与报纸评论、电视评论等同属时事评论的重要形式。

（二）网络评论的基本特点

1. 因时而评、合时而著

唐代诗人白居易说过："文章合为时而著，歌诗合为事而作。""为时而著"的"时"，即时代之意也。"为时而著"，对于读书人而言，它意味着自己对时代的一种关注，对现实社会的一种关切，对改造社会、促进社会进步的一种责任和使命。古往今来，做到"为时而著"的虽不乏其人，但可以肯定地说，更多的是虽有"为时而著"之心，却未必有真正的"为时而著"之"文"。要想真正做到"为时而著"，就必须倾听时代的足音，呼吸时代的空气，把握时代的脉搏，让自己的心和着时代的节奏一起跳动，真正用心去感悟时代、体验时代，为时代而唱。

2. 具有新闻性和政论性

评论作为新闻的重要体裁，主要表达作者对新闻事件的判断和思考，体现出作者对时代的关注、对社会的关切。评论具有新闻性和政论性的特征。评论的新闻性表现为提出人们当前关注的问题，突出新意，迅速传播。评论的政论性服务于各自的阶级、政党和集团，按本阶级的世界观解释客观事物。其评论对象一般是新近发生的事情，评论背景具有很强的时效性。

3. 因事而论、就事论事

所谓"因事而论、就事论事"就是指按照事物本身的性质来评定是非得失。评论表达的作者的观点，这种观点从何而来？就是要从你所评论的事件中来。这是一个基本的前提。所以，评论的一个基本特点，就是要你的论述、判断要围绕事件来进行，不能泛泛而谈，不能"王顾左右而言他"。

4. 言之凿凿、论之有据

评论要有根有据，论证要有逻辑。我们对事件所做的评论，要与事件有逻辑关系，观点要从事件中得出，论证过程要经得起推敲。

二 网络评论的写作要求及常犯的错误

（一）网络评论的写作要求

1. 紧扣新闻议论

评论主要是表达作者对新闻事件的判断和思考。基于这样的特点，评论写作中，第一个要求就是要紧扣新闻来议论、判断，即评论要围绕新闻事件来进行，不能泛泛而谈，不能"王顾左右而言他"。具体来说，评论中提出的论点要与所议论的新闻事件有内在的联系，要有逻辑关系。例如：发生在海口的《让我们为雷锋做点事》新闻事件。如果要为此配一篇评论，首先，我们要清楚这件新闻的基本事实要素是什么？仔细分析这篇报道，报道的主要内容是"活雷锋"刘育峰的母亲住院了，网民出于"让好人得好报"的心理，到医院照顾她。显然，网民的行为是这篇新闻的基本事实要素。我们写评论，就要紧紧扣住这一点来评，对网民的行为进行价值判断，也可以从网民的行为延伸出对"让好人有好报"现象的思考等。这样来展开论述就能紧扣新闻。如果我们把评论的重点放在别的方面，如该不该像刘育峰那样做好事，刘育峰的行为值不值得学习，等等，就是偏离了主要的新闻事实。这样的评论就是俗称的"打空靶"，是失败的。

2. 对新闻做出正确的判断

对新闻做判断，就是对事件的意义、价值取向做出分析、裁定的过程，是评论写作的主要目的和写作思路的具体体现。一篇评论如果没有判断，就是没有观点，是不配称之为评论的。新闻判断包括两种形式，第一，事实判断和价值判断。事实判断就是由作为前提的事实推断作为结论的事实，价值判断就是以一定的尺度，判断事实的价值。通俗来说，事实判断就是判断是不是的问题，价值判断就是判断对不对的问题。第二，具体判断和普遍性判断。具体判断就是就事论事，对新闻事件的原因、性质、发展做出判断；普遍性判断，则是对普遍现象、一般规律做出判断。

3. 立论要有依据

俗话说："没有规矩不成方圆"。我们判断事件，如果没有标准、尺度和界限，也就无法断定是非对错，无法衡量黑白曲直。所以，我们做出判断、得出观点，要有一定的依据。从根本上说，科学与真理、法治与人文是衡量世界万物是非、对错、先进落后的第一标准，这一标准也就是我们立论的基础。例如，处理经济问题要符合市场经济规律；涉法问题要符合法律准绳；价值观问题要遵从社会主义核心价值观及人类社会的一些共同价值等。

4. 论据要有逻辑

当我们对新闻做出了正确的判断时，也就有了论点，这时候就要进行说理、论证。这个说服过程，就是论证的过程。而论证的过程，也就是逻辑推理的过程。大多时候，我们写评论会用到三种逻辑推理方法：一是演绎推理，二是归纳推理，三是类比推理。而在这一过程中经常会出现如下错误，一是前提不真。即论证是以已知为真的前提，推导出让人接受的结论。前提不真，结论自然是不准确的。因此，为了避免犯前面所说的错误，我们可以慢一点评论，后发制人。如腾讯"大家"栏目就推出了一个"慢评论"的栏目，待尘埃落定，再洋洋洒洒点评。二是概念混淆。即前提和结论的概念不是同一概念，张冠李戴。三是不相干。不相干有两种，即论点和论据不相干、论点和新闻事实不相干。这种错误也是许多人经常犯的。比如，从人造卫星上天推理出中国人的精神崇高，从路上的车祸推理出官员的腐败，等等，都属于不相关的推理。四是片面偏激。主要表现是观点过于武断，或片面不全，或失之于偏激，或是以旧眼光看人、看物，总的来说就是"举其一不计其十，究竟旧不图其新"，虽然说是一吐为快，却漏洞百出。

（二）评论观点常犯的错误

1. 观点过时，不合时宜，没有与时俱进。比如对过洋节的评论，有的作者就从保持传统的生活风俗，抵制西方文化侵略的观点出发，反对过洋人的节日。这就是很明显的观点过时，不合时宜。生活风俗是与时俱进的，现代人的生活风俗，自有现代的特点，不能死抱着以前的生活风俗不放。积极向上的可以坚守，不合时宜的必然要放弃。

2. 观点超前，难以操作，缺乏现实基础。一些评论经常会出现这样的问题，即其提供的问题解决措施要么太过时了，已经被证明不适合解决当下的问题；要么就是太超前了，其提供的解决方法在短期内没有实施的基础，也就是没有现实条件。例如："全民免费医疗"，这曾经是一个很热门的话题。但是，在现阶段的中国，这样的措施显然是不可能马上实施的。所以，写评论既要注重新闻背景的时效性，不能放"马后炮"，要注重观点的时效性，观点不能太落后，也不能太"穿越"。

三 评论的写作技巧及评论之道

做什么都有技巧，写评论同样有技巧。评论写作的技巧，可以分为术和道的两个层面。

（一）评论的写作技巧

1. 精心选题、精准切入

首先，评论的题材要选择关注度较大、受众普遍关心、与受众利益相关的新闻背景、公共话题。其次，选题一定要新颖，能够突出事件的重点，能够做到吸引眼球、独树一帜、自圆其说等。最后，评论的角度要像手术刀式精准切入，要有侧重点，提升评论的针对性。

2. 精制标题、吸人眼球

俗话说："题好一半文"。要善于借用熟语、典故等制作评论标题，标题最好既有事实，也有观点，成一句话评论。结构上要提纲挈领，一目了然。结构简洁、观点明确、论证清晰、论述完整。

3. 独树一帜、自圆其说

评论的观点要见解独到、观点新颖，而不能鹦鹉学舌、拾人牙慧，要言人所未言，识人所未识，道人所未见。逆向思维就是评论出奇、出新、出彩的常见手法。"大路货"则不吃香。

（二）评论之道

尽管评论写作有一些套路可循，但是文章一出，还是能高下立判，作者涵养如何、功底如何，有无"硬气功"，读者一目了然。为何？"功夫在诗外！"一些评论虽然"术"相近，但"道"不同，所写文章的深度和广度便不一样。因此，写评论应注意评论之道。

1. 博观约取、厚积薄发

所谓"博观"就是要广泛读书，所谓"约取"就是要深思慎取，这也是一种辩证关系，既要"博采"，又要勤于思考，吸收"众长"；而不能囫囵吞枣。只有博观约取，才能有深厚积淀和独到认识，也就是说，只有"厚积"才能"薄发"，进而收发自如，可以说"读万卷书，行万里路"是厚实评论写作功底的不二法门。

2. 格物致知、穷究天理

评论写作，虽不等同于专业研究，但也是就某一事件、某一问题、某一现象发表相对专业的观点看法，并提供解决思路，而作者对问题了解、研究得是否深刻、透彻、全面，决定了文章是否权威、是否令人信服。因而，写好评论也要具有研究精神，甚至可以说，"没有调查研究，就没有发言权"，只有善于观察、深入思考，多刨根问底，多些质疑、求知的精神，深入了解事物的原理，才能科学地、准确地认识问题，进而胸有成竹地解决问题。

3. 关注社会、博达世情

"世事洞明皆学问，人情练达即文章。"评论的主要对象是社情民意，服务的主要对象是人，所以，要写好评论，就必须先深入认识社会、了解人情世故，"审时度势"，也只有在深入了解社情民意的基础上，才能写出深入人心、引领舆论的好评论。

对网络评论的认识与思考

万德东　2015 级在职 MPA 班

人类社会近几十年的发展成果充分体现在互联网革命、新技术革命、全球化的过程之中。尤其是互联网技术的高速发展，深入生活的方方面面，渗入细枝末节，影响着每一个人的生活。作为信息传播的载体，互联网逐步成为大部分人了解和掌握最新信息的主要途径。在东西方文明冲突加剧、民粹主义泛滥的当下，网络评论承载了更多的内涵。如何在纷繁复杂的大数据网络空间中正确认识和看待网络评论，是我们每一个人面临的挑战。

一　网络评论主要涉及内容及特点

网络评论看似杂乱无章、包罗万象，但是，从其呈现出的内容和特点，大致可看出，内容复杂多样、表达的方式具有共通性、传达的观点具有欺骗性。

（一）呈现内容的复杂性

网络评论内容涉及各个领域各个行业，大致可分为以下几个方面：人文社会科学类、自然科学类；或者政治类、经济类、文化类、军事类；或者历史类、地理类、物理类、化学类；又或者工业类、农业类、服务业类等不一而足。从最近比较热门话题上看，例如 2017 "两会"

话题、南海问题、萨德入韩、"台独"、"港独"、共享单车（共享经济）、学前教育、全球恐怖主义泛滥以及"三八妇女节"等话题都是以最新事件为载体进行热炒，可见网络评论内容极具多样性。

（二）表达形式的共通性

纷繁复杂的网络评论内容看似杂乱无章，但当我们平复情绪后，本着剥丝抽茧般的"工匠精神"认真分析，也不难看出它们具有一定的共通性。纵然表达形式多样，但其目的都是使得作者的观点得以传播。这些观点大致可以分为以下四类：

第一类是正面肯定型。是指同意并强烈呼吁某种行为的表达，这一类型往往表达比较直截了当，观点带有较强的煽动性。第二类是批判否定型。与正面肯定型相反，这一类型观点一般以批判为主，表达方式以讽刺、批驳和呼吁抵制为主。表达方式有的简单直接，有的含蓄婉转，"指桑骂槐"者居多。第三类是"骑墙"主义型。这一类型往往看似中立，对肯定和否定各打五十大板，观点有些左右摇摆，但是仔细推敲往往发现其仍带有一定的倾向性。第四类是故作"高冷"型，即"装睡"型。这一类型看上去让人产生一种"事不关己高高挂起"的感觉，传达的观点冷漠、麻木，但是具有一定的蛊惑性。

（三）传达观点的欺骗性

相对于传统纸媒来说，网络评论是一片新的舆论阵地，具有更宽阔的开放性和可参与性。在新媒体飞速发展的当下，只要具有一部智能手机，人人可参与网络和自媒体。披着各种所谓代表"公平"、"正义"外衣的评论铺天盖地，各种观点鱼龙混杂，欺骗性更高。德意志第三帝国时期的德国国民教育与宣传部长戈培尔说过，"谎言说一万遍就是真理。"用这句话来分析网络谣言及其带来的社会危害，还是有警醒作用的。

《战国策·秦策二》中记载了一个曾参杀人的故事。春秋末年曾子住在费县，费县有一个与曾子同名同姓的族人杀了人。有人跑去告诉曾母说："曾参杀人啦！"曾参的母亲说："我的儿子不会杀人的。"她仍然像往常一样自顾织布。不久一会儿，又有人跑去说："曾参杀人啦！"曾参母亲还是照常自顾织布。片刻间又有一个人告诉曾母说："曾参杀人啦！"这时他的母亲真的害怕了，丢下织布的梭子，搬来梯子翻墙逃走了。虽然曾参贤德，他母亲一直对他很信任，但是连续三个人说他杀人了，大家以为是真的，最后连他的母亲也相信他杀了人。从这个故事中我们看出，开始时曾母对于假消息是拒绝的，随着假消息的多次冲击，最终被假消息形成的自我暗示控制从而相信了假消息是真的。可见虚假消息形成的心理暗示有着颠倒黑白的作用，甚至可以改变一个人的信念。不断的信息轰炸和重复谎言，无形中给人们带来一种消极的心理暗示。人们的从众心理效应会得到放大，不知不觉中逐渐相信谎言。俗话说的"三人成虎"，也正是这个道理。

二　关于网络评论的创作者

网络评论具有的开放性、可参与性使得每个人都有阅读的机会，但不一定具有创作的能力。网络评论的创作者大概可分为四类，分别是文艺爱好者、利益相关者、职业水军、"吃瓜群众"。

文艺爱好者。文艺爱好者是创作者中数量相对较多而且参与原动力最足的一个群体。他们是出于兴趣爱好，就自己的专业能力对不同的现象，进行评述，例如各种文艺类原创微信公众号、微博、博客等。这一群体是活跃网络评论的原动力之一。

利益相关者。这一类创作者是由现实利益受网络影响驱使产生，他们一般是社会的各个管理部门或者生产、使用方等，特点是点多面大。例如各种官方微博、微信公众号等。其中有官方的、非官方的、各行各业的利益攸关方等，可以说鱼龙混杂。

职业水军。这个群体是网络空间的"寄生虫"。他们的产生是因为网络评论能给他们带来实质的收入，仅仅靠敲击键盘便可以挣钱。这一群体一般没有职业道德，秉承"收人钱财替人消灾"的原则，不分青红皂白、是非曲直。只要是雇主出得起他们要求的价码，他们就会将准备好的各种谎言、污言秽语或者"莫须有"的故事一股脑的倾泻出来。这一群体危害性巨大，煽动性、蛊惑性最大。例如"第五纵队"、"大V"、"小清新"、"公知"、"圣母婊"、"维权律师"等等。

"吃瓜群众"。这一群体是网络评论空间中数量最多的群体。这一群体大多表现为认知肤浅、观点左右摇摆。他们一般本着"看热闹的不怕事大"的原则，充分发挥"搅屎棍"的作用，生怕没有热闹看。这部分人是利益相关方和职业水军大量争取的对象。谁更多地争取到了这一群体，谁就更有可能占据网络舆论制高点。

三 怎样读网络评论

第一，要实事求是，秉承客观公正的态度。限于个人知识背景不同，认知能力千差万别，真正的客观公正或许很难做到。但是我们在认识一件事情之前应该尽量做到不夹带个人感情色彩，不先入为主，实事求是地看事件的发生、发展的过程，最重要的是先捋清楚这是一件什么事。比如对于苏联解体，西方资本代言人认为，这是资本的盛宴，是一场投资小回报率高的空前的大生意；俄罗斯人民却认为这是一场空前的民族灾难。再比如"萨德入韩"事件，由于个人的知识背景、认知度、理解力不同造成了对事件的态度不同，数量巨大的"吃瓜群众"更是无所适从。

第二，要保持冷静，思路清晰，不被信息轰炸冲昏头脑。在这个信息爆炸的时代，手机、网络、电视传播着对于同一个问题的不同观点，过度关注这些不断刷屏的信息，会让人无所适从。为了避免落入信息轰炸制造的陷阱，从中找出不同媒体的不同表达套路很重要。比如以FT（英国金融时报）、CNN（美国有线电视新闻网）、BBC（英国广播公司）、NBC（美国全国广播公司）为代表的西方知名媒体和部分国内"第五纵队"积极分子，针对中国的新闻现象基本保持以下"三部曲"：一是，在实际现象的基础上冠以"中国式××"，比如"中国式过马路"、"中国式堵车"、"中国式吐痰"，这些夸大事实，甚至捏造事实，乱贴标签，很容易误导"吃瓜群众"。二是，打着"民主"、"自由"的旗号渲染受害者有多么惨。比如针对城市化过程中被拆迁群体的报道，往往会夸张事实，营造出受害者"生活在水深火热之中"的氛围。三是，无原则的引申，之所以出现此类现象多半是因为中国体制、共产党领导的问题或者是全体中国人愚昧落后的问题，是民族劣根性的反映。总之在他们眼里中国就目前的这种治理方式，再怎么发展也就是"两个不好"，即"这也不好"、"那也不好"。

第三，多关注主流。给予主流媒体更多的信任，善于鉴别所谓西方知名媒体、"大V"、"公知精英"的个人言论，尤其是各种微博、微信公众号、论坛中的尖锐评述。一般来说具有煽动性的言论往往比较激烈、尖锐，如果我们盲目相信这些言论，就正中了他们的下怀，帮他们实现了目的，甚至不自觉地变成了他们的传播工具。

第四，要有最起码的良知。良知是每个人天生的智慧，在此基础上的思考才可能辨别真假，去伪存真。角度不同观点相左属于正常现象，但是目的不同就属于另一回事了。

四　写评论的一点感想

第一，少看非主流。在形成自己的观点前，尽量少看他人的评论，不管他是"大V"还是所谓西方主流。过多的关注往往会造成先入为主的被动，被别人牵着鼻子走，甚至沦为附和的工具。

第二，思考新闻现象背后的目的。每一篇新闻都是有目的的，任何作者都是有立场的。我们应该试着从多个角度揣摩，以形成完整、全面的认识。

第三，从自我认知角度试着分析。本着起码的良知和影响个别"吃瓜群众"的目的，在尊重客观事实的基础上加以分析评述。要相信理性的分析终究能打动人。

俗话说："读万卷书不如走万里路，行万里路不如阅人无数"。每个人的成长都要付出这样那样的代价。在互联网高速发展和东西方文明剧烈碰撞的今天，我们更应该拓展思维和知识渠道，保持自我思维的相对独立性，客观公正地去分析问题，解决问题。

第二部分

2016 年网络评论优秀作品

从"少年救人获刑"案看惩罚犯罪与保障人权

"本人郭明（化名），系四川江安县中华武校在校学生，因2015年3月23日的一次见义勇为被含冤判刑……"近日一条网帖热传，不少"大V"纷纷转发。小郭称，当天下午，他和同学从都江堰市乘大巴前往泸州市，中途一名男子骚扰女乘客。下车后，男子与女子发生抓扯，郭明踢中男子头部致其倒地时头部受伤。最终，法院以故意伤害罪判处郭明有期徒刑2年6个月，缓刑3年。他认为自己很冤，希望联系上受害女子出庭做证。此事很快在网上掀起一阵风波，网友纷纷指责那名女乘客，指责法院判决，认为在物欲横流、人心不古的今天，对于这样的见义勇为行为应该给予肯定和鼓励，不能让法律寒了国人的心。然而事情的真相究竟是什么？法律与见义勇为难道不能相容？

实际上，该少年确实是因为见义勇为而卷入这起刑事案件，但网上发布的内容却也不是完整的事实真相。虽然郭亮有着见义勇为的初衷，但泸州市龙马潭区法院判其缓刑，并无不当。原因有二：其一，根据《刑法》第20条：为了使国家、公共利益、本人或者他人的人身、财产和其他权利免受正在进行的不法侵害，而采取的制止不法侵害的行为，对不法侵害人造成损害的，属于正当防卫，不负刑事责任。正当防卫明显超过必要限度造成重大损害的，应当负刑事责任，但是应当减轻或者免除处罚。对正在进行行凶、杀人、抢劫、强奸、绑架以及其他严重危及人身安全的暴力犯罪，采取防卫行为，造成不法侵害人伤亡的，不属于防卫过当，不负刑事责任。在本案中，被打男子连一般违法犯罪行为都谈不上，龙马潭区检察院和法院也只界定为"不当行为"、"不文明举动"，却被郭亮打得脑部受损，重伤二级；其二，事发时被打男子早已终止大巴车上和女乘客的纠葛，已下车准备打车，却被郭亮等人拉下来群殴，那不要说正当防卫了，连防卫过当都谈不上，而是故意伤害。

通过这起案件，我们须意识到，见义勇为并非仅仅是"勇为"，不能仅凭一腔热忱，更需要具备相应的技能与智慧，否则不仅可能帮了倒忙，更可能让自己遭遇不利后果。法律强调惩治犯罪与保障人权并重，实际上就是要求刑事诉讼在求"真"的同时还要求"善"。刑事诉讼活动所追求的不仅仅是法治，更是一种善治。刑事诉讼活动不能为了追求惩治犯罪的目的而不择手段，弃基本的社会伦理道德底线于不顾。正义的事业必须通过正义的方式来实现。即使是对于犯罪嫌疑人、被告人，我们也要给予其最起码的尊重与人文关怀。这也就意味着刑事诉讼活动不仅要受到认识论的制约，也要接受价值论的指引，唯有如此，刑事诉讼活动才能够维系人类最基本的价值，实现"善"的价值追求。从这种意义上讲，刑事诉讼活动正是在惩治犯罪这一求"真"的基础上，自觉接受"尊重和保障人权"的价值论指引，进而达到求"善"的目的。

（代敏润）

南中国海——对抗还是协商？

时下正值初春时节，寒潮才刚刚消退，而南中国海却已然一片火热之景。

2016美菲"肩并肩"联合军演热闹非凡，处于域外的日本也热情高涨地参与其中，不知是不是美日军舰不喜欢南海的碧水蓝天，非要搅上三分才罢休。

美国向来以世界警察自居，而美国军舰能否"自由航行"南海则是其判断南海自由与否的标尺。试问，这种意识形态主导，军事威慑先行，强行搅局南海平稳局势以维持其霸权地位和现实利益的蛮横行径，是对抗，还是协商？

在我看来，美国"重返亚太"的实质，不是协商，而是对抗。一方面，美国人认为，没有永远的朋友，只有永远的利益。当冲突产生的时候，不是想办法解决冲突，而是利用冲突以消灭对方；而在中国人眼里，是万事和为贵，是睦邻友好、搁置争议。这是中美外交理念的差异所在，也是中国反对美国重返亚太战略的核心因素。另一方面，中国作为南海主权声索国之一，与东南亚各国一道，都是域内国家，都极为珍视南海的和平稳定。虽然有主权争议，虽然有矛盾冲突，但是，相比较美日，各国仍然将协商作为解决分歧的主要方法渠道，而非诉诸武力对抗。

历史将证明，只有友好协商才是南海和平的金钥匙。不论南海多么闹腾，历史发展的车轮终会将那些人为制造的噪音剔除，还南海一片宁静。事实上，域内国家推动南海争端和平解决的努力从未中断。2016年4月18日，中国外长王毅、俄罗斯外长拉夫罗夫、印度外长斯瓦拉吉在莫斯科举行中俄印外长第十四次会晤，并在会后发表《联合公报》。中俄印三国承诺维护基于国际法原则的海洋法律秩序，认为所有相关争议应由当事国通过谈判和协议解决。这是一个强烈的信号，这个公报表明，中俄印三国就当前持续升温的南海局势达成了一致，表现为印度和俄罗斯支持中国的谈判磋商解决方案。

作为对这个共识的深化和推动，4月21日，中国外交部长王毅在结束访问文莱之际举行记者会，他强调，"双轨思路"是解决南海问题最为现实、可行的办法。所谓双轨思路，就是南沙有关争议由直接当事国通过协商谈判妥善解决，南海地区和平稳定由中国和东盟国家携手共同维护。简而言之，就是杜绝外部势力插手，冲突双方自行解决问题。

历史会证明，这才是务实理性的处世之道，更是大国应有的风范。

（叶新璐）

"papi 酱被整改"事件之我见

近日，一个自称"集美貌与才华于一身"的"网红"，因为在视频中屡爆粗口，其作品被管理部门下架整顿。借助网络平台聚拢人气，从 papi 酱到咪蒙、同道大叔，这些自媒体主角的影响力已经不亚于很多传统媒体。纵观新兴媒体，发展方兴未艾、欣欣向荣是事实；网友追捧喜爱、人气爆棚是事实；内容良莠不齐、泥沙俱下也是事实。面对这样的"三重门"，如何更好地引导和管理，成为急需面对的问题。

2016 年 4 月 19 日，网络安全和信息化工作座谈会在京召开。习近平总书记在会议上强调，"网络空间是亿万民众共同的精神家园。网络空间天朗气清、生态良好，符合人民利益。"的确，在麦克卢汉"媒介即讯息"已成常识的今天，从热门资讯的跟帖区到社交媒体的朋友圈，从无所不在的弹窗到满屏飞舞的弹幕，甚至连网游、输入法、电子红包等都能传播信息、触发互动。虚拟世界的"泛媒体化"，集聚起海量用户，拓展了媒介影响，也模糊了媒体边界。无论网页还是应用，无论"PC 端"还是"移动端"，围绕人们的使用习惯，纷繁多样的信息链条萦绕在网络空间，渲染出灿烂多姿的媒介图景，也给新媒体管理带来压力和挑战。

但是 papi 酱的网红效应似乎并未受到勒令整改的影响。2016 年 4 月 21 日下午，网红 papi 酱贴片广告资源招标/拍卖会在京举行。在近两月走红后，papi 酱以贴片广告获得了首笔商业营收，丽人丽妆以 2200 万元获得了 papi 酱的 5 月 21 日视频结束后彩蛋时间的广告位，时长不限。

《papi 酱》每集都只有几分钟，塑造了一个市井女孩子的连贯形象，主要针对电影烂片、购物、男女关系等大众基层的热门话题。papi 酱的导演系功底支持了连续原创，拍摄方式大体属于"自拍"，场景就是有些纷乱的自家卧室及客厅，完全"不装"，其自恋自嘲风格很合年轻人口味。这种专业和彻底大众手段的隐蔽对接算得上是 papi 酱的别出心裁，她给人们带来了轻松感。网友们认为，papi 酱的视频具有清晰价值观：崇尚真实、摒弃虚伪、吐槽一切"装逼"行为、倡导个体自由，而这些也正是年青一代所共同追求的东西。papi 酱的视频之所以能够获得广泛共鸣，原因便在于此。

多年以来，主流媒体一直是社会价值观的主导者，但随着近几年来，网络媒体和自媒体的不断兴起，主流媒体的地位越来越受到冲击。网络媒体和自媒体对于民众的传播力和影响力已经逐渐与主流媒体不相上下，但它的"随意性"和严重脱离"有关部门"的监管也在某种程度上造就了一定的"乱象"。对于"有关部门"来说，主流媒体永远都应该是主导舆论和建立社会观、价值观的基础，"非主流媒体"只能作为"主流媒体"的补充，而不可以越俎代庖。"非主流媒体"一旦影响过大，势必会引起"主流媒体"的"特别关注"。而每一个"网络红人"、"热门话题"背后，都包含着巨大的经济效益和复杂的利益牵扯。就像这次 papi 酱被整改，最初爆出就被批是炒作以博眼球。还有许多人担心 3 月份真格基金、逻辑思维、光源资本和星图资本联合对 papi 酱共计 1200 万元的投资会不会打水漂。事实却是 papi 酱贴片广告拍出了 2200 万元，而且中标者还认为"真的不贵"。无论"主流媒体"意见如何，"非主流媒体"的兴盛似乎是大势所趋。正如我最爱的小说《哈利·波特》中写道："如果想要什么信息传播得更快的话，那当然就是下令禁止它。"所谓的"封杀"进一步激活了人们的好奇心，不但没有使风波平息，反而推波助澜、愈演愈烈。无论整改后的 papi 酱是否能继续受到大众的追捧，它都无疑是一次成功的自媒体网络营销。而广电总局在这次事件中所起的作用，只能是仁者见仁智者见智了。

作为一个在互联网时代成长起来的年轻人，网络对我的生活产生相当大的影响，是我获取资讯消息的主要来源。小到公交路线天气预报，大到时事新闻大政方针，几乎都是从网上获取的。年初以来网络上被"封杀"的网红也好，网剧也罢，基本上我都有所耳闻，甚至也曾是围观群众之一。既然被封杀被整顿，说明这些网红网剧肯定是存在一些问题。而我作为一名成年人，并且是接受过马克思主义理论、社会主义核心价值熏陶的成年人，自认为并未受到任何不良影响。毕竟"三观"已经树立，心智已经成熟。这些视频网剧对于我只是茶余饭后的消遣，就像有的人喜欢抗日剧，有的人喜欢偶像剧一样。我身边也不乏网红和网剧的追随者，可能因为我接触的都是同龄人，大家对网红和网剧的态度基本上都是看热闹，而这些现象引发的轩然大波，观众似乎也不是很关心。套句现在的流行语就是"套路玩的深，谁把谁当真"。

每一个"网络红人"、"热门话题"背后所包含着的巨大的经济效益和复杂的利益牵扯，谁来操纵舆论的导向，普通观众很难识别，所以也不会关心。papi酱简单粗暴直白的嘲讽，在很大程度上迎合了我们对真实对简单的渴求。在这个时代，信息爆炸，孰真孰假难以辨别，索性就不去管它，单纯的图个乐子，单纯的发泄情绪，然后回归社会继续做一个积极向上、正直守法的好市民。自媒体发展如火如荼，是因为它迎合了部分人的需求，所以单纯的围堵截杀肯定是行不通的。正如党报评论的那样，疏与堵并行不悖。一种新媒介的长处，将导致一种新文化的诞生。"信息载体本身对于文明、文化的影响，潜移默化，不容小觑。构筑制度保障、提升监管水平、重申媒体属性，'善治''善用'并举，传统媒体与新兴媒体融合发展的大潮，方能激荡出更为绚烂的浪花，而媒介作为'人的延伸'，也才能更好地回馈人类自身。"

(徐乔)

时代困境的缩影

——观《小别离》有感

最近一段时间很多人都在追《小别离》，我也在看。和大多数国产电视剧一样，这部片子的情节推进有点缓慢，看惯了信息量大、情节密集紧凑的美剧，多少会不太习惯，所以一开始我看得有点漫不经心。

吸引我看下去的是这部剧的话题设计：中学生的出国留学问题。这是现在大家都很关注的话题，我们每个人的生活中一定有那么几个亲戚朋友，已经或者正在考虑把孩子送到国外去接受教育。

一部电视剧会如何探讨这样一个热门的社会现象？这是我感兴趣的地方。一集一集看下去，慢慢地沉入了剧情之中，然而，直到快看到大结局，我才猛然醒悟过来，贯穿《小别离》的核心其实不仅仅是青少年留学。在围绕教育所展开的家长里短之下，这部剧有着更加宏大的野心，那就是试图在一片混沌似乎无路可走的迷雾之中，回答一个让中国人心有戚戚的大问题：未来的出路在哪里？

阶层固化，是我们这个时代共同的困境。

十年、二十年前，出国留学的中国人以大学生为主。绝大部分人都是先在国内读完本科乃至硕士，再接着申请奖学金到国外深造。

今天的情况已经很不一样了，中学生成为了出国的主力。一到暑假，从北上广到纽约、旧金山、洛杉矶的航班上经常能看到一群群中国孩子，美国东西两岸的各大名校里挤满了来自中国的游学团。促成这个改变最直接的原因是中国经济的发展，小康家庭越来越多，能够负担一年几十万元的昂贵支出，并且愿意把这笔钱花在孩子的教育上。

但更深层次的原因，其实是中国人对现实生活的深深焦虑。过去十年，一、二线城市经历了疯狂的阶层重塑。十多年前，北京三环边上的房价每平方米才三四千块，有眼光的人通过银行借贷不停买房，少则三套五套，多则十套八套，发家致富完成了逆袭。而在一开始没有果断出手的人就错过了这个机遇。房价从三四千元飙升到一两万元，再到三四万元，直到现在的五六万元，甚至更高。买得越晚，需要负担的房贷越高。但不管怎么样，买到一套房，就算上了岸。阶层就此开始分化，经历过那一场地壳运动的人现在回过头看，恐怕还会心有余悸。

房价只是一个方面，在更多没有那么容易被关注到的行业和领域，都有无数人抓住百年难求的机遇，靠着自己的一点聪明、决心和不守规矩的冒险精神，实现了资本的原始积累。但是，到了2016年，"中国式"镀金时代的大门已经开始慢慢地合上了。资源越来越集中在少部分人手中，纵使再有冒险精神，也很难再找到"一夜成为大亨"的机会。

早几年还有很多人抱怨高考的应试教育，但现在这样的声音已经小了很多，因为大家慢慢开始意识到，高考的选拔制度再不合理，但它可能仍然是这个社会里大多数人通过自身努力改变命运的唯一机会。不用拼爹，不用拼关系，不用拼无耻程度，不用拼成绩以外的任何东西。只是现在，高考在推动阶层流动上的作用也越来越有限——学费越来越高，教育资源越来越向大城市倾斜。不是有个统计吗？北大清华的学生里，底层家庭孩子的比例一年比一年少。所以，不得不说，我们所面临的压力大过以前。究竟该如何做，是我们以后需要通过时间和实践来探索的。

（刘思远）

防止"童工猝死"现象需要多管齐下

近期,广东佛山一14岁少年小攀因为家庭原因,不得不和母亲背井离乡,从湖南老家千里迢迢到广东佛山打工,由于过度加班,最终猝死在出租屋内。一时间,童工事件被推上了舆论的风口浪尖。

一个花季少年在本应该感受世界美好的时候,却突然猝死。生命的戛然而止令我们唏嘘不已。我们要做的就是要伸张正义,找出原因,还小攀父母一个公道,也要为其他非法雇用童工的企业敲响警钟。小攀的猝死固然与过度劳累工作有着密切联系,企业的大强度工作是直接原因,但仍有诸多"催化原因"存在。我认为该从以下几个方面入手。第一,这与社会保障的执行力度和成效有关系。小攀是因为家里困难,不得已远走他乡,随母亲到广东打工。但我国每年都会有大批扶贫专项资金的投入,在农村设有低保户名额,困难户补助,可是在一些地方由于基层干部的工作不力或腐败,政策落实不到位,这些名额往往没有真正落实到需要的人手里,而是落到了那些有关系、有钱人的手上,使得穷的更穷,富的更富,差距拉得更大。没有真正的惠及广大百姓。加强基层干部作风建设,加强群众监督,杜绝基层腐败才是解决问题的关键,使福利真正惠及于民。第二,家长的监管意识和责任意识不足。一般家庭,无论多么困难,父母也不会让孩子吃苦受罪甚至辍学打工,小攀母亲没有正当履行监护权。同时,小攀一个人猝死在出租屋里许久,母亲没有发觉,这分明没有尽到做母亲的照看责任,因此悲剧的发生与这种不负责任的家庭有着联系。第三,企业逐利心切且法律意识淡薄，这是悲剧发生的直接原因。我国《劳动法》明确规定："禁止用人单位任用未满十八周岁的未成年人，情节严重的由工商行政管理部门吊销营业执照"。但是，该企业为压缩成本，雇佣童工，还逼迫加班，严重违反《劳动法》。第四，我国未成年人保护法律体系不健全。在我国法律体系中，往往是未成年人权益受到损害或侵犯已经成为事实时，才能启动法律追责程序。但在一些发达国家，公民遇到疑似未成年人遭受虐待个案的发生都有举报的义务，往往把侵害的苗头扼杀在摇篮里，所以这样的事少有发生。

小攀是无数中国童工的缩影，他们的悲剧可能还会发生，企业固然要负很大一部分责任，但是我们也不能忽视家庭安全教育的缺失，社会保障体系的缺陷，未成年人保护制度的不完善。这样的结果是三种过失共同导致的。然而，找出悲剧发生的原因并不是我们的目标，我们要做的是要制止这样的悲剧再度发生，社会各个主体都需要反思。首先，企业要加强法律意识与责任意识，不能被利益蒙蔽双眼，要坚持经济效益与社会效益的统一；其次，家庭要加强安全意识教育，教育孩子在遇到危及生命安全的时候要懂得用法律武器保护自己；最后是社会，一方面要打击基层腐败，加强干部作风建设；另一方面要加快完善未成年人监护提前干预制度，在未成年人权益受到侵害的初期就及时发现并制止，阻止事态的扩张，以免造成更严重的损失。

只有企业、家庭、社会携起手来，共同努力，才能避免千千万万的童工权益受侵害，保护我们民族的未来和希望。

（李思雨）

凡事要有个度

近期有一则新闻，名为"《弟子规》不是糟粕，唯一的问题是不应该强推"，那么这到底是怎样的一本书呢？"强推"《弟子规》如何引起大家关心？

《弟子规》，原名《训蒙文》，为清朝康熙年间秀才李毓秀所作。其内容采用《论语》"学而篇"第六条"弟子，入则孝，出则悌，谨而信，泛爱众，而亲仁，行有余力，则以学文"的文义，列述弟子在家、出外、待人、接物与学习上应该恪守的守则规范。后经清朝的贾存仁修订改编，并改名为《弟子规》。

《弟子规》，全篇体现了两个字即"孝"与"信"，是儒家思想的奠基书。如同《十善业道经》是佛家奠基书，《太上感应经》是道家奠基书一样，它教育并启发人积极向上，倡导和谐家庭、和谐社会和谐大自然。教人以孝为先，以信立身，在这个以利为主的物质社会就像吹进一阵轻风，给人们带来了耳目一新、豁然开朗的感觉，殊不知这才是人的本性呢！这大概也就是《弟子规》的现实意义所在吧！同时这也是今人的立世之本。

在此则新闻中，一些人对《弟子规》的内容是百般挑剔，有的说其内容不符合现代教育理念，也有的说这在一定程度上压抑孩子，不利于孩子的成长。其实正如题目所说"《弟子规》不是糟粕，唯一的问题是不应该强推"。当然，我们也应该看到《弟子规》中某些封建礼教迂腐的色彩，但"取其精华，弃其糟粕"，要学到其中"孝信"的主旨，这才是最重要的。因此重读《弟子规》，对于重塑中华礼仪之邦、复兴中华民族的伟大意义，便不言而喻。从这方面来讲，《弟子规》仍不失为一本传世经典。"学为人师，行为世范；孝亲尊师，与人为善"，《弟子规》教人"孝信"的本意便在于此。所以《弟子规》这本书的内容即使有些不适合现代教育观念，我们也应该理解，毕竟《弟子规》是几千年前的书籍。历史是不断向前发展的，社会是不断进步的，我们不能站在今天的角度去要求当时的人们形成我们现在所要求的教育理念，这是在为难古人。

然而，当政府部门介入全面推广《弟子规》之后，一切都变成强制性的措施。在这种情况下，《弟子规》也就不再是"喜欢就看，不喜欢就不看"这一自由选择的类型。在我看来，无论是什么事物，一旦变成强制性举措，那么该事物原想要达到的效果便不复存在，不但无法激励人们继续阅读，反而成为人们想方设法摆脱的包袱，徒增厌恶。这就是"消极自由"在现代生活中的意义。所以强推《弟子规》，不但不会使得《弟子规》受到越来越多人的喜爱，相反，只会使诵读流于形式，学生们只会将它当成任务一般来完成，当初的趣味也一去不复返了。原本可以很好地培育学生的"孝信"理念，但是由于政府部门的强硬手段压抑了学生的自主性，最终降低学生们对于诵读经典的热情。

世界上的所有事物都有一个度，一旦超过这个度，就不再是量的变化，而是质的变化了。有时量变是事物最好的发展状态，有时质变是解决问题的关键所在。在《弟子规》是否需要强推这件事上，相关政府部门需要把握好尺度，最好是提前做好调查，了解民众的心理感受，不能让政策的实施导致相反的效果。

（王萍）

让你的才华赶上你的野心

9月的时候正好是大一新生入学的时候，每个人拖着重重的行李，有的人更是不远万里，跨越大半个中国来到了海南大学，这个我们要待四年的地方。我总是听到有学弟学妹问，学校好不好、学风怎么样、专业如何，其实听到都觉得很熟悉，因为是自己刚进学校也咨询过学长学姐的问题。

但是我也不知道该用什么样的语言去告诉那些需要肯定的眼神，哪怕我知道他们或多或少都有做好了为之付出的准备。每当我们问这种问题的时候，都在预想一个隐含在其中的问题，那就是一个好的大学对我们的未来究竟重不重要。未来包括什么，也许是对学术的进一步研究，对职业技能有所帮助，等等。如果说一个大学就能帮助你达到种种未来的目标，肯定的回答就是，很难。我不说绝对不可能，可是一个大学的学生，最终出名的人、达成自身愿望的人和在这所大学学习过的人的数目构成比例的时候，绝对只是占少数，而且现在的情况是，大学越好，这个比例越高。可是具体到每个人的时候，我们却不能保证个体的绝对性。也就是说，任何一所大学都有出现各种类型的人的机会。

那么好的大学的成功秘诀在于什么地方呢？在一个优秀的学校，你想优秀的动力来自自身愿望和周围人的努力所给你带来的积极影响。反之，在一个不够优秀的大学，想要做一个优秀的人是非常困难而孤独的。在你为了将来而奋力拼搏，每天早上六点钟起来背记单词，而周围的室友却在美梦之中安然沉睡，也许你能坚持一个月，但是接下来的第二个月、第三个月乃至以后的两三年呢，你会觉得非常疲惫甚至难以坚持而放弃。这种疲惫来源于宿舍里的每一个空气分子，你根本没有办法控制那种对省会不负责任和对未来消极的态度从你的毛孔里悄然入侵，侵蚀你原本坚定的心智。你可以踌躇满志、豪情万丈、心怀抱负地来到大学，但是那种每一天每一分每一秒钟其他人给你带来的倦怠感，会潜移默化地抹杀掉你，甚至当你大学毕业你都不知道自己被悄然地毁掉了。

　　大学不能决定一切，我们能举出一大波没有上过大学但一样能够成功的人的例子。但是（这个例子不是太好，可以不要，或者列举其他例子）我可以肯定地说，好的大学很重要，但不是绝对必要，那些真正不可或缺的是除了具有"211"的头衔的学校以外的每一个作为个体存在的人自己。你的努力决定你的位置，你的才华要赶得上你的野心。

（张亚华）

"阿里的月饼"，不该有的争论

不久前，一则《阿里数员工因抢月饼被开除》的消息引爆朋友圈。9月12日下午，阿里巴巴安全部四位工程师，抱着抢购月饼、秀技术的心态在公司月饼内销过程中，采用技术手段作弊，共计刷了124盒月饼。在被公司发现后，以"造成公司内部福利分配不公"之名，4名员工同时被公司辞退，当天6点前收拾好东西走人。

围绕着阿里将相关员工劝退处理的处罚，在网上产生了激烈的争论。有人认为月饼本是给内部员工的福利，采取网上"秒杀"的方式，讲究的是公平。几名员工利用专业知识编写代码以满足私欲，本身就是作弊行为，有违诚信。进一步讲，作为安全部门的员工，发现网页漏洞不及时采取补救措施，反而利用漏洞来牟利，可谓"监守自盗"，这种行为对电商企业来说是不可原谅的。也有一部分网友指责阿里巴巴集团小题大做。

"对违反诚信行为的处罚"是不该有的争论。几盒"阿里的月饼"不值钱，但触碰了红线就要受到惩罚，这是对诚信的坚守，阿里作为一个电商企业来说，诚信更是重中之重，万不可让"作弊之蝼蚁"毁了"诚信之堤坝"。值得关注的地方不在于"阿里的月饼"，而在于事后这"不该有的争论"。对于一个中国人来说，还有什么比诚实守信更耳熟能详的话语吗？作为一个有着五千年悠久历史的礼仪之邦，我们什么时候，竟然会为了"对违反诚信行为的处罚"而争论？就我个人看来，这场争论本就不该存在！诚信的底线是我们每个人都必须牢牢坚守的，阿里开除 4 名员工，正是对诚信底线的坚守，竟有网友认为这是"小题大做"？当诚信都已成为"小题"时，我实在不敢想象，还有什么值得"大做"？

这场"不该有的争论"应该引起我们每一个人的警觉。不知何时，我们对诚信的看法竟已有了分歧？这着实可怕。在网络日益发达、越来越融入我们生活的时代，在信息大爆炸的大数据时代，在各种思潮涌动的时代，人们的思想出现一些分化不可避免。但思想的分化绝不能动摇对原则的坚持，诚信的底线更是万万不可触碰，在诚信问题上，从来没有"小题大做"一说，对于胆敢触犯诚信底线者，都必须严加惩处！

这场"不该有的争论"，更是对我们思政学子敲响的警钟，在纷扰的思潮中，我们更应该坚守作为思政专业学生的底线和原则，树立正确的"三观"，任何时候都不可动摇。

（陈汉琪）

讲好中国故事，弘扬优秀传统文化

5月12日晚8点，近期上映的电影《百鸟朝凤》制片人方励在微博开启了直播，聊起该片幕后的各种不易，最后竟下跪磕头，恳求院线经理在接下来的周末为这部吴天明导演的遗作增加排片。

《百鸟朝凤》在2013年9月25日金鸡百花电影节上就已亮相，连获大奖。两年零八个月后，《百鸟朝凤》在中国大陆上映，与之一起上映的还有美国大片《美国队长3》。上映首日，《美国队长3》的票房即突破两亿元大关，相比起来《百鸟朝凤》的票房有些惨不忍睹，仅仅30万元。在天地之差的票房对比之下，我们不禁要思考，我们自己的电影怎么了？真的是拍得如此之烂吗？答案是否定的。《百鸟朝凤》的豆瓣评分达到8.4分，《美国队长3》则为8.2分。那么问题来了，为什么评分高而票房少呢？

《百鸟朝凤》讲述了在社会变革、人心浮躁的年代里，新老两代唢呐艺人为了信念的坚守所产生的真挚的师徒情、父子情、兄弟情义。整部影片都在围绕唢呐展开。曾经，唢呐是中国传统的乐器，吹唢呐是传之久远的民间艺术。在中国西北和华北的农村，婚丧嫁娶都少不了唢呐的声音，它是人们感情的寄托，唢呐声一旦响起，便成了人们情绪的引导者，乡亲们离不开它。

电影票房的差距警示我们，民间艺术在人们意识中地位逐渐下降甚至面临消失的危机。唢呐作为传统文艺形式，是中国传统文化的典型代表，《百鸟朝凤》这部电影票房的失败体现出当下的人们对传统文化逐渐淡去的关注。反而外国大片中仅凭一人之力就能拯救世界的个人英雄主义更能吸引人的眼球，激起人们的兴趣。传统文化似乎失去了它本身令人骄傲的魅力。

党的十八大以来，以习近平为核心的党中央多次强调，要"讲好中国故事"，要对我们民族的文化充满自信。《百鸟朝凤》讲述的就是最贴近中国现实的故事，表现的就是中国传统的民间艺术形式，但是票房却给我们提出了警告，民族文化正逐渐淡出人们的视线。

时代的发展要求我们必须占领文化的制高点。一个没有文化的民族是一个没有灵魂的民族，一个没有灵魂的民族不可能屹立于世界民族之林。优秀的传统文化是民族精神的根基，它经历了数千年的锤炼，造就出不屈的民族性格。因此，深度挖掘中国优秀传统文化，讲好中国的精彩故事，努力为实现伟大中国梦，为实现中华民族的伟大复兴注入强大的民族文化基因是我们每一个人应该做的。

对传统文化的关注不能仅靠方励们以下跪出卖尊严的方式来换取，而是需要我们每一个中国人亲身参与进去，共同讲好中国故事，挖掘、继承和发扬优秀的传统文化。

（崔松）

西子湖畔，中国故事

钱塘江潮起潮落，西子湖春去秋来。二十国集团领导人第十一次峰会在杭州拉开帷幕，西子湖畔迎来了一批重要的客人。世界为擘画全球经济增长的新蓝图而来，于杭州，于中国，这更是一个讲述"中国故事"的好机会。

在漫长的历史中，他者眼中的中国神秘而又古老，遥远得像银河里的繁星。那是"银子做城墙，金子做城垛"的中国，那是"无以计数的农民及其家人们"的中国。从鲁不鲁乞，到马可·波罗，再到斯诺、尼克松等。不同的来访者笔下有不同的中国。或多或少，他们眼中的中国与我们生活的这个国度总有一些不一样。也许他们还在用"蒙元时代"来指代中国，也许他们还认为中国是那个落后的国度。这些都是在历史中东方与西方相遇时所看到的各个时代中零零散散的中国。

如今作为世界第二经济体的中国该自己讲述好"中国故事"了。再也不能让某些人把中国妖魔化，再也不能让他们过分地去强调历史的糟粕，而无视真正好的中国元素，比如茶文化、书画。真正的中国究竟是怎样的？这就需要中国人自己讲述好中国自己的故事。今天的世界是一个全球化的世界，各国之间的联系越来越紧密，世界离不开中国，中国同样离不开世界。

如何讲述好"中国故事"是我们的任务，每一个中国人都有义务、有责任去讲述"中国故事"。任何时候以个人成见去看待一段历史、看待一个国家都不可能真正了解这段历史、这个国家的人情世故。只有客观、公正地去了解中国，才能看到真正的中国。同时，对于中国自己而言，中国元素不能仅仅停留在功夫、亭台楼阁上，还应该打造更多的中国品牌、中国故事。

今天，各国在面对世界经济这条世界大河迟滞有余、灵动不足的现状时，希望中国贡献出中国力量、中国智慧，所以选择了来到杭州，我们更希望通过这一次的杭州峰会向世界展示一个更好的中国。实践证明，中国坚定不移地坚持深化改革，走和平、开放、创新、绿色之路是利国利民利世界的。讲述"中国故事"需要我们有大胸怀、大智慧，正所谓大胸怀成就大境界，大智慧把握大趋势。

北宋词人说，"弄潮儿向涛头立，手把红旗旗不湿"。如今，世界将目光投向中国，中国就应该有弄潮儿的矫健英姿，让世界更好地了解中国。

（李杰）

莫让献爱心者寒心

"志愿"是一个多么圣洁的词语，志愿活动是奉献精神，是爱心、是社会责任、是担当的诠释。"募捐"这一种志愿行为往往是被支持的。既然是募捐，那么一切的行动目的应当是为了助人筹钱才对，但是，有些人借着募捐的旗号筹集善款，而善款却大部分不知去向。据报道2015年4月，在天津上大学的小芹被确诊白血病。治病期间，巴中一个名为"巴中爱心志愿服务大队"的组织，在巴中多个乡镇为她组织募捐。但募捐到的11万余元爱心款，并未全额打进小芹账户。小芹家属对此提出质疑，双方发生争吵。"巴中爱心志愿服务大队"事后发表声明，称爱心款中的5万余元系用于活动开支。巴中市民政部门随后介入调查并查证，这是一个未经民政部门注册的组织，其开展的公开募捐活动属于非法募捐。

很多时候我们都说募捐是很容易进行的。理论上来说，其一，因为社会群体中的互助心理。我们不知道生活的明天和意外哪个来得更快，所以当我们有能力时，面对因困难而受折磨需要帮助的人们时，我们愿意通过献"爱心"的方式，帮她一把。某天意外降临的时候，希望别人也能帮自己一把。其二，中国人往往信奉着多行善举必有善报。其三，募捐的金额没有门槛限制，几块十几块都可以，对大家的生活影响不大，大家也都能够拿出来。花几块钱积个善福不过是举手之劳。其四，并没有明确的法律条例对"募捐"活动进行规定，自愿参与选择性比较大。

但是，没有参加过募捐的人不知道，募捐过程的艰辛。我曾参加过一个由中国扶贫基金会发起的为边远山区儿童筹集善款的志愿活动。募捐过程中，许多人质疑活动的真实性，说来也是好笑，有的人一边表示希望可以参加志愿活动，一边碰上了又不愿意去相信。俗话说，史上最难事之一莫过于从别人的口袋里掏钱。满怀热情的你，伸出去募捐的双手无异于从别人口袋里掏钱，在这个看到老人摔倒了都要几番考虑要不要扶起的社会，募捐被别人一次一次地拒绝都是常见的。又有多少人可以做到将辛苦赚来的钱奉献于他人。即使有那么点爱心，又该如何信任陌生人呢？那么，这个民间组织又是如何筹到11万元的善款的呢？其一，筹款地点是在巴中，是这个患病女孩的家乡，大家乡里乡亲的也算熟悉，可信度高。每个人都会有乡情，对于老乡，大家都愿意施予援手。其二，多元的宣传方式，通过互联网以及下乡表演的方式宣传。互联网扩大了宣传的范围，下乡表演更是强化了大家对于这件事的信任度。其三，有当事人收到善款的信息回复。募捐行为是双方当事人都认同的行为。当这几个条件同时具备时，在乡间邻里筹到11万元善款也是可以的。

但是，11万的善款，当事人收到的不过5万元，另外的用在志愿活动中。说起来都令人瞠目结舌，每次活动都要花销两千块左右，那募捐的志愿活动是举办了二十几次？现场看到的四五个志愿者只是一部分？每次活动的费用花销是不是那么多，单从网上仅有的消息来看，我无从证实。但我知道的是，如果我是捐了善款的爱心人士，捐的10块钱，只有5块是被用于当事人身上救命治病，另外5块被其他人花去了，那么，下次再碰到这样的捐款时，我想或许就不奉献爱心了吧，毕竟这样的献爱心确实让人觉得寒心。

我们不能奢望每个筹集善款的人将所有的善款用于当事人，但至少也不应这般过分。打着募捐的旗号进行志愿活动时，初衷是因为公益才去做，组织者应该时刻地摸着自己的良心，是否真的为助人，而不是以自己利益为先。希望我国新出台的《慈善法》能够切实维护到当事人的权益，让等待善款的人值得等待，莫让爱心人士寒心。

（符延秀）

人性化执法，保持公信力

近日，海口市秀英区长流镇琼华村发生拆违暴力执法事件，受到广泛关注。事件发生后，相关负责人很快受到处分，涉嫌寻衅滋事的5名联防队员被刑事拘留，秀英区区长黄鸿儒引咎辞职。在强烈谴责、追责之余，我们必须认真思考造成暴力执法的背后症结是什么？如何通过人性化执法重建政府公信力？

随着城市化进程加速，海口接纳了大量的农村居民和外来人口，此消彼长的违建群已经成为城市发展中绕不去的症结。面对庞大的违法建筑体量，错综复杂的利益纠纷，政府该如何处理和调解？

拆违前，群众思想工作没有做通，利益诉求没有摆平。在当地老百姓中，或许有一部分人被不法分子所利用，或许有些人本身不愿意，或许有些人本身也是受害者。在没有了解真实情况的条件下，一棍子打死一帮人，显得有些匆促。拆违前，政府需了解百姓的真实想法，对于不愿拆迁违建的百姓，相关部门更应该耐心细致地解决问题、理顺矛盾。回顾这起事件，倘若一线执法队伍更规范专业，现场处置更妥当，后续保障更有利，或许可以避免激烈的冲突。

暴力执法固然简单直接，背后付出的却是更高的公信力成本。由于老百姓平常接触不到更高层的领导，基层干部是什么样的，百姓眼里的党和政府就是什么样的。拆迁现场可能确实存在扔石头、放烟花、烧煤气罐等阻碍执法的行为，但是无论如何，都不能采取暴力执法的方式。更何况，被殴打的人中，还有不少是妇女和孩子。如此殴打妇孺的暴力执法的视频被传到网上，对政府的形象造成多大的影响可想而知。

行政执法，即使是依法行事，也要更多考虑社会影响，不能把依法拆违变成暴力执法，这不仅会使政府处于被动，更会付出公信力丧失的代价。

坚持人性化执法，重建政府公信力。人性化执法，不仅需要一支规范专业的队伍，更需要一个老百姓都信任的政府。基层政府能否做好群众的思想工作，能否人性化执法，都关乎政府的公信力。老百姓对党和政府的信赖，是靠一批又一批的领导干部，以数十年之功换来的。这样的信任，不能在暴力执法中流失；这样的信任，只有在人性化执法中才能够一代又一代地保持下去。

（黎晶晶）

白银连环杀人案背后应该引起
反思的社会问题

2016年8月，1988年开始犯案，2002年突然收手，28年未能侦破的悬案"白银连环杀人案"告破，凶手被绳之以法，受伤害的人可以安息，关心案情的人可以释怀，大快人心。但是白银上空笼罩的阴霾，受害者亲友的伤痛远非凶手落网所可以驱除的。斯人已逝，如何惘然。社会伤痕的治愈只有面对残酷的现实，要对白银事件背后的社会问题进行反思。

案件为何多年未破。这个案子成为悬案其实很让人费解，凶手作案手法粗糙，远不如小说中悬案的细致，但是凶手作案多次，逍遥法外多年。是警方无作为吗？可是地毯式搜查，多次走访询问，无数次例会讨论，白银市公安是尽职的，正是证据的保存和警方的不放弃，才通过DNA比对，辗转锁定杀人犯。

那究竟是什么使得白银连环杀人案28年后才得以告破？这是我们需要面对和反思的。

凶手其貌不扬，没有穷凶极恶的长相，也不自带一身杀气。我们很难看出他是残忍奸杀11个无辜女子甚至包括8岁女童的变态杀人狂，人们往往因为只看表面而放松警惕，光看外表而未曾探究内心，在虚伪的外表中迷失判断。

犯罪者的人生历程反映出应该引起人们重视社会问题。幼年丧母、家贫、有上进心、学习好，如果人生一直这样下去，他可能会成为寒门贵子。但是中学恋爱受挫，高考落榜改变了他的命运。出去打工数年，三教九流鱼龙混杂，一个人变好不容易，但是变坏太简单了。生活的困难让他无力承担，变得愤怒，暴躁。回到白银，一次偶然的盗窃，失手杀了人，由此，他犯下首案。杀了第一个人，过了心里的那条底线，就好像打开了潘多拉魔盒。他开始用变态手段发泄生活的痛苦，最后，他说，我不杀人就不舒服。

这样的人在白银太多了，其貌不扬，沉默寡言，失业下岗，生活困难，只是他杀了人。我们很难把他和变态杀人狂联系起来。认识他的人都说，他老实，内向，是个好人。

他的性格固然有问题，这个社会是否也有问题呢？"一个好的社会能让人变好，一个坏的社会能让人变坏。"这句话虽然有些绝对，但也不失道理。如果他的高考没有落榜，或者有其他更好的选择；如果回到白银他有一份稳定足以养活家人的工作……他会选择杀人吗？我们不得而知，但是我想如果因为儿子的好成绩而看到希望的他，那他一定不舍得摧毁一个美满人生。我们要检讨白银的社会问题，转型的阵痛让普通百姓生活艰难，失业让犯罪增多。凶手更需要检讨，即使是发泄苦闷也不能残忍对待他人，而应该积极面对现实。

正义可能会迟到，但绝不会缺席。白银连环杀人案告破，我们拍手称快的同时也要反思社会存在的问题，如果社会一片温馨，我相信，坏人也会变好。

（刘鑫）

治人治面要治心

五一期间，朋友圈因一则被疯传的文章而让这一天变得有点沉重——名字叫作《一个死在百度和部队医院之手的年轻人》。该文讲述了一个 21 岁的年轻人、西安电子科技大学计算机系学生魏则西患有罕见的滑膜肉瘤晚期，他从百度上了解到，武警北京总队第二医院有一种号称与美国斯坦福大学合作的肿瘤生物免疫疗法。在对生的极度渴望下，他借钱完成治疗后不仅没有效，反而发生了肺部转移。最终，魏则西去世了。

魏则西事件发展至今，网络舆论有三种说法，分别指向百度、莆田系与魏则西自身。网络舆论的矛头针对谁并不重要，逝者已去，我们的生活还将继续，我们不应该追随舆论去指责哪一方的过错更多，而是应该解决问题，不让类似的悲剧重新上演，这才是对逝者的最大安慰。

针对魏则西事件引发的热议，当前有三个方面的迫切问题需要加以解决：首先，要"治人"。4月19日，习近平总书记在网络安全与信息化工作座谈会上的讲话强调，互联网企业要有使命感、责任感，"办网站的不能一味追求点击率，做搜索的不能仅以给钱的多少作为排位的标准，希望广大互联网企业坚持经济效益与社会效益的统一，饮水思源，回报社会，造福人民。"[①] 百度医疗信息的竞价排名很明显违

[①] 《习近平主持召开网络安全和信息化工作座谈会》，http：//news.xinhuanet.com/politics/2016-04-19/c_1118670958.htm。

背了经济效益与社会效益的统一，也影响了社会的公平与公正，应该对相关负责人予以处罚，彻底整治互联网行业只追求经济效益的不健康倾向。魏则西事件发生后，百度推广发了两则声明，一是对魏则西的死表示惋惜，二是声明这一次事件的主要责任不在自身，而是莆田系医院。这明显是对自身的洗脱。"治人"应该对相关负责人给予严厉的处罚。当今社会互联网日益发达，网络信息的健康有效，是每个互联网参与者的责任和义务，因此必须坚持经济效益与社会效益的有机统一，切实维护互联网信息的安全。

其次，要"治面"。莆田系医院是民营医院的代表，据统计，我国民营医院数量占全国医院数量的47%，而民营医院中的八成被莆田系掌握。莆田系医院如今遍布全国各地，针对大规模分布的民营莆田系医院，所要采取的并不是网友说的取缔，而是整治。民营医院的存在一定程度上解决了百姓看病难的问题。魏则西用年轻的生命提醒我们民营医院中存在害群之马，但我们也不能一棍子打死所有的民营医院，对于有问题的医院，应该交给相关部门依法处理。全面整治民营医院，才能保证民营医院长久发展。

最后，最重要的是"治心"。无论是百度还是莆田系医院，在魏则西之死问题上的错误，都在于一味地单纯追求经济利益而忘掉了企业应该承担的社会责任，"君子爱财，取之有道"，这种医疗信息竞价排名和承包科室赚钱的做法都是一种不正当的方式，这实际上是一种扭曲的价值观。如果人人都只想着为自己谋取利益，而不管整个社会地发展，那社会只会落后或停滞，不会前进，这也说明全社会的思想道德建设还有很长的路要走，如何引导社会树立正确的价值观和世界观，是我们这个社会一项重大的时代课题。"治心"是要立足于社会，以社会利益高于个人利益为准则，坚持经济利益与社会利益的统一，只有人人树立正确的价值观，才能防止魏则西之类的事件发生，才能让整个社会健康和谐地发展。

（罗恒）

少一些道德批判，多一些实证研究

在网络与现实中，常常听到人们对社会各领域、对他人进行议论、批判。从各种议论、批判中，人们感受到了大多数人对社会及他人的极大关心，这是让人欣慰的地方。但同时，从这些议论、批判当中也发现了一个问题，那就是人们的批判大都根据所谓的道德原则出发，具有很大的非理性与随意性，缺乏经过实证研究后的理性批判。而批判一旦上升到道德层面，事情的细节便失去了原有的意义，成了毫无用处的废物，最终无益于问题的解决，甚至会掩盖了问题的实质。

在两千多年儒家道德伦理的熏陶下，人们渐渐形成了以道德标准来评价人或事的思维方式，这一定程度上是文明和先进的象征。但问题在于，这种思维方式极易演变为只讲道德不讲事实或者事实成为道德的注脚。

道德的批判最是无情。因为它不是从事实出发，而是从道德原则出发；它不需要去分析、了解这个人或这件事背后的原因，只需要说这个人或这件事是不符合道德的。于是乎，这个人或这件事真就成不道德的了。由此可知，只从道德原则出发而没有事实基础的道德批判是如此的霸道又毫无道理可言。

道德在人们心中具有天然的合理性与权威性，但往往导致批判变成非理性的宣泄。人们总是以道德作为批判的武器，因为它是最廉价的武器，大多数人都认可的武器。但是许多人在用道德进行批判之前，从未思考过道德究竟是什么，也不去实证一下这个人或这件事到底有没有所谓的道德问题。在失去了道德的前提下，道德作为批判的武器，变成攻击人的武器。最终成了个人非理性的宣泄，成了打着道德旗号，野心与私欲的释放。

马克思指出："哲学家们只是用不同的方式解释世界，而问题在于改变世界。"① 同样，对于现实问题的批判不是目的，目的在于解决现实问题。然而，道德的批判对于现实问题的解决是最无力的。道德的批判是站在现实之外的道德高地来对现实问题进行审判，不管批判是多么合理，多么正义，使之感到多么大的压力，都无法批判到它的现实内核。它并不会因为你的几句道德批判而有丝毫改变，因为道德的批判是最表面的，你无法进入它的内部，看不到它的五脏六腑。最终，现实的问题还是要回到现实本身去解决，老老实实地对现实问题进行深刻的实证研究，找到现实问题的病因，对症下药，最后使问题得到解决。

（贾正强）

---

① 《马克思恩格斯选集》第一卷，人民出版社 2012 年版，第 136 页。

不要让资本绑架医疗

最近，魏则西事件引起了社会公众的极大关注。

这一事件的发生离不开莆田系、武警二院、百度、武警总部卫生部、卫计委等相关单位的失职，而失职的深层次原因是资本在绑架医疗。

以前，我国的医院都是保障性医院，主要是为广大人民服务。80年代，国家为了更好地发展经济，进行了医疗改革，允许医院科室进行承包。这一政策使医院市场化了，部分医院开始以营利为目的。市场化必然导致各家医院进行各方面的竞争，这种竞争在促进医疗设备快速改进的同时，也带来了一些问题。由于医院的资金不可能完全平均分配给每一个科室，医院要想获取更大的利润，就必须把大部分的资金投入到有影响力的科室中去，形成医院的"黄金科室"，吸引更多的患者前来就医，从而提高利润。而获取利润较少的科室就被承包给民营医疗机构。这就给莆田系提供了很好的平台去发展自己。这种措施不管对于医院还是莆田系来说都是"互利共赢"，双方一拍即合。

曾经，武警和部队医院的口碑确实很好，但在后来的裁军和市场化改革中，武警和部队医院军医越来越少，军人编制也越来越少，医院财政也陷入危机，但此类部队医院的优势在于几乎不受地方卫生部门的监管。于是，和莆田系合作，将一些科室外包，由承包方聘请医生，商业化运作部队医院的这些科室，就成了难以阻挡的市场逻辑。

据《第一财经日报》披露，莆田系为了压低成本，不仅科室是租来的，而且医生都是临时聘用的，然而在对外宣传中，他们却成了"老军医"、"知名专家"。这一系列不负责任的行为只是为了谋取高额的利润。

百度上的信息都是采用竞价排名，它不是根据信息的综合情况来排名，这就对读者获取信息具有误导性。百度明知道莆田系的营销模式充满问题，反而还多次加价，想从莆田系并不干净的收入中，多分一杯羹。反而是莆田系受不了百度的"贪婪"，一度威胁要终止合作。但因为双方都无法摆脱自己的盈利模式，最终两者又继续合作。

造成百度和莆田系医院各自违规运营的根本原因在于资本的逐利性，无论资本性质如何，在资本导向性医疗产业链架构上，媒体资本逐利，就会为出价高的医疗资本做宣传，社会责任就会被抛到一边去，这是事实。而要解决这一问题，最根本的还是要进行医疗体制改革。

医疗服务不能完全由政府负责，也不能完全向市场开放，这些措施都会导致一些问题。我们必须弄清楚哪些医疗服务归政府管，哪些可以借助市场手段，哪些又必须由社会公益来承担。因此，我们需要将医疗服务进行分层分类管理。

首先，政府必须保障老百姓的基本医疗服务，有些基础性的医疗服务必须由政府来管理。这样有利于保障医疗服务的质量，提高患者就医的安全性。其次，有些医疗设备或医院的基础设施的改善可以交给社会公益组织，让它们也为我们国家提供更好的医疗服务尽一份力，增加我国公民的社会责任感。最后，市场可以根据人们的需求来提供某些医疗服务。例如，有钱人可能对医疗服务的各方面要求比较高，像医疗设备、药品、服务质量、医护人员的技术、就医环境等。这些需求就可以由市场干预来得到满足，为这些患者提供高端的医疗服务。这一措施并没有占用社会公共的医疗资源，在某种程度上还可以缓解百姓就医的压力。

从政府、公益、市场三个角度来考虑，才能有效解决资本绑架医疗的问题，真正做到为患者解难，为医院解困，为政府解负，实现我国医疗卫生事业的健康发展。

（王慧娟）

弘扬美德，拒绝道德绑架

2016年5月3日，四川一女大学生在南充上动车后，请坐在自己位置上的老人归还座位，并拒绝了老人女儿"挤着坐"的请求。该老人年过八旬，女儿带其到成都看病，只买到了达州至营山的站票，后来一中年男子为老人让座，女大学生因此受到老人的女儿讥讽。而女大学生委屈道："坐自己位置错了吗？"一时间该不该给老人让座这一"老生常谈"的问题再次引起社会热议。

首先我们不可否认，给老人让座是中华优秀传统美德尊老爱幼的表现，值得学习。但是让座作为一种美德，并不是法律规定，不具有强制性。媒体多次报道：老人暴打未让座女孩，引起广泛关注。主动给老人让座位固然值得赞扬，但不让座位也无可厚非，并没有违反道德，更不应就此横加指责，甚至因此被掌掴暴打。

其次应当分清道德与美德的区别。何谓道德？从社会学来看，道德是社会生活环境中的意识形态之一，它是做人做事和成人成事的底线。又何谓美德？在人格心理学内，美德概念是指：凡可给一个人的自我增添力量的东西，包括勇气自信，乐于助人等，是至善至纯至高人性的结晶。[1] 在社会潜意识里，美德是一种大众所推崇的高尚道德行

---

[1] 叶首德：《善恶的基因》，九州出版社2016年版，第174页。

为，它主要提倡一种自制的、积极的态度。① 拥有美德的人确实是值得尊敬的，不让座的行为也确实不够好，但是不能因为不让座就指责别人没有道德，就开始批判斯文扫地、社会风化粗鄙不堪。这就是道德绑架。一个人可能缺乏一些美德，但是一定是有道德的，即便是罪犯也不例外。

最后我们注意到的是，"动车上拒绝让座"这件事件的后续网络调查中有两个问题，一方面是大部分支持女孩的拒绝让座行为，另一方面是一半左右的人愿意主动或被动让座。看起来，这是很分裂的一件事，但实际上，这恰恰是民意理性的彰显：在价值认同层面，民意赞扬了让座的美德行为；但在权利尊重层面，拒绝让座同样不是丑事一桩。我们应当认识到美德是用来要求自己的，而不是要求他人的。老人的子女选择在"五一"期间陪同老人看病，应当预料到"五一"期间火车票紧张的情况，最好是提前订票。即使没有买到有座票，也可以携带一把简单的折叠椅，以便老人休息；抑或选择到餐车加座等。让不让座，我们可以视情况而定。能让则让，不让也不要道德绑架。当然，在力所能及的情况，我们应当为建设社会主义精神文明建设做出一份贡献，弘扬扶老携幼这一中华传统美德。

（吴明远）

---

① 顾俊：《"无奈"的"美德"——从"假领导"看历史教学的价值引领》，《教学研讨》。

文明与否贵在知行合一

现如今，服务型政府日趋完善，政府提供的惠民政策越来越多，也越来越得民心。但是，公民的文明素质是否与发展中的服务型政府与时俱进呢？近日，有市民反映公共自行车遭到破坏被丢至桥下。据详细调查了解，海口市公共自行车的损坏情况不在少数，两个月来400多辆自行车丢失，更是有市民经常看见自行车"歪脖子"、丢尾灯，没钥匙等。与此同时，海口市"创建全国文明城市、创建国家卫生城市"正在如火如荼进行，不禁让人深思文明是否到位？

当记者在走访调查时，很多市民都在严厉谴责这种破坏公共资源的行为，但出现这样的现象，只是空喊口号就可以杜绝吗？文明与否贵在知行合一。"保护公共资源，爱护公共财产"，这是小学课本里经常倡导的。勿以恶小而为之，勿以善小而不为。文明不以人群之分、未有大小之分，文明体现在每个人礼貌用语之中，但也彰显在每个人优良举止之中。知者，固然好，行者，更受尊崇。

公共自行车屡遭破坏，运营公司也难逃其责。公共自行车站点都应设立租赁点并配备管理人员，以便及时处理公共自行车受损、被盗等情况，全心全意为市民提供服务。但是，当一双双"雪亮的眼睛"望向租赁点时，发现有的租赁点已然改头换面为小卖部，管理人员也演起了售货员的角色。市民反映，在归还自行车遇到问题请求租赁点管理人员帮助时，管理人员要么在睡觉，要么在忙着售卖琳琅满目的饮料食品、报纸刊物。这也难怪公共自行车不仅频繁地遭到破坏，而且长期无人问津。这样的问题运营公司当真看不见吗？还是看见了也懒得管？文明彰显精神，租赁点管理人员的意识、素质更是代表着运营公司整体形象。运营公司应当脚踏实地，建立健全完善的后期服务机制，从维修、监督、服务多重方面出发，及时发现问题、解决问题。如此，才能更好地共享服务。

在"双创"背景下，我们可以明显感到大街小巷变得干净整洁，但文明素质的提高绝非以一日之功、一方之力就可以达到目标。所谓"城市是我家，文明靠大家"，愿这句人人皆知的口号能够落实到每个公民的行为当中。

（张青）

从快捷酒店"黑床单"事件看我国洗染业存在的问题

2016年4月18日,国内媒体相继曝光出七天快捷酒店、速8酒店、海友酒店等多家大受欢迎的快捷酒店将自己的床品、毛巾等的洗涤工作外包给第三方来完成,而洗涤方式大多则是火碱洗涤,即用火碱勾兑洗涤剂来对床品等进行清洗工作。此事一出,迅速引起了各界人士的关注。

众所周知,人体体液的pH值为7.4,呈弱碱性,而经过火碱洗涤的床单,pH值则会接近甚至超过10.0,以往我们可能会发现一些人在入住快捷酒店之后身上会出现不适情况如瘙痒、湿疹等,更有甚者会出现皮肤病、皮炎等疾病。而通常人们会认为这是水土不服所导致的,但实际不然。湖南大学化学化工学院李旺老师指出,当人体接触了碱性更大的毛巾、床单时,微小的碱性颗粒残留在人体皮肤上,经汗液中和,很容易引起过敏,产生灼热感、发痒、发红,这对人体健康构成极大危害。

媒体在跟踪时发现,某承包这些快捷酒店火碱洗涤业务的洗涤厂在洗涤时只关心床品等的类型,全然不管上面沾到的是油渍、呕吐物还是血迹等。"只要分开就可以了",分拣员周岩如是说道。但即使这样,只要加上一把火碱,再脏的床单都能"变白",但毋庸置疑,这样"洗"出来的床品远远未达到标准卫生水平。

出门在外,旅途劳顿,能找个舒适干净的地方睡上一觉对很多人来说是莫大的幸福，而"黑床单"让多少旅人不寒而栗，这背后的种种原因引人深思，在此我认为有以下三个原因：

一是企业企图压缩经营成本。

涉及"黑床单"事件的多为快捷酒店，对于这一类企业而言，价格是他们的招牌，既然无法在价格上下太大的文章，那么越低的成本就会为他们带来更高的收益。而相对于环保合格的专用洗涤剂而言，火碱的成本相当低廉，经过火碱洗涤的床品，在外观上也和普通洗涤的床品没有太大的区别，而且快捷酒店的顾客入住时间普遍较短，很难发现其中的异样。在这种条件下一些企业便通过使用火碱来清洗床品、毛巾等来获得更高的利益。

二是监督部门管理乏力。

快捷酒店毛巾床单屡屡出问题，媒体一次次曝光。2012年，北京、沈阳等22家消费维权单位联合发布的《城市快捷酒店公共用纺织品安全状况调查报告》，指出快捷酒店六成床单卫生不达标。而面对问题的严重和公众的焦虑，监管部门似乎无动于衷，没有看到采取了什么举措。

三是相关立法滞后、强制性标准缺失。

目前，我国关于洗涤行业标准只有一部《洗染业管理办法》，而这部《洗染业管理办法》也并非强制性标准，为商务部、国家工商总局和环保部门联合颁布的原则性条款，围绕该办法的地方法规和标准也很少见。如洗涤厂硬件要求、洗涤剂如何使用等均无国家强制性标准，这种情况无疑助长了一些不法企业的嚣张气焰。

针对这种情况，国内各界人士纷纷提出应对方法。中国商业联合会洗染专业委员会秘书长潘炜认为，可以效仿一些在北京等大城市的先进洗涤厂，开设洗衣租赁服务，布草属于洗涤厂，酒店只有使用权，这样便可以较好地解决目前出现的问题。但是由于这种法案投入过大，实施起来较困难，我国目前只有极少数发展较好的城市有这样的案例。而我认为，出现"黑床单"时间的源头并不仅仅在于酒店的自发性行为，更多的是我国目前关于洗涤行业法律的滞后。要想高效地解决这一类问题，必须针对洗染行业的行业规范建立强制性标准，各地方据此也应出台相应的法规和标准，使监督执法部门有法可依。在规范洗染业的行为标准的同时严处违规的企业，只有这样才能促使我国洗染业健康发展。

（赵中华）

江山留遗迹，我辈复登临

　　近日泰禾地产在南京博物馆内大成殿举行房地产新闻发布会，引起社会广泛讨论。有网民表示，国家文保单位作为商业用途的事例已经屡见不鲜了，杭州博物馆近期还有《奔跑吧兄弟》在馆内录制，伴着文物撕名牌，太庙还举行过婚礼……

　　部分文物古迹、博物馆商业化的趋势应该引起重视。针对这种现象，我们必须重新思考何为博物馆？博物馆为何而建？博物馆是汇集、保藏、陈列和研究代表自然和人类遗传的实物，为公众提供教育、知识和欣赏的机构、地点。博物馆为历史而建，为公众而建。

　　博物馆用于商业活动有违建立这一机构的初衷。商业活动自有商业活动的开展地，博物馆也无须利用商业扩大影响力、知名度。对历史有执念的人自会到博物馆参观，利用商业活动吸引去的人未必是真正去感受博物馆精髓的人。对于南京博物馆这一事件，南京博物院院长龚良认为，不可否认，明星站台能够在短时间内提升文博场馆知名度，但这种知名度与博物馆的价值是不相匹配的。

　　博物馆商业化，作为馆方肯定是会获得一定的利益的，但是伴随着利益带来更多的是负面影响。首先，博物馆商业化会增加博物馆管理的困难；其次，博物馆是历史文化等珍藏物珍藏管理的地方，商业化不利于历史文化保护；最后，博物馆作用之一是满足人民群众精神文化需求，商业化并不符合这一需求。

　　博物馆等文化传承机构商业化，这不仅是管理方的责任，同时也是广大人民群众的责任。对于管理方而言，如果商业化不可避免，管理方就必须围绕以历史信息概念为原则的商业宣传，一旦脱离了以文化元素为基础的开发初衷，必会遭到社会舆论和谴责；对于广大人民群众而言，应该加强文化认同、保护、传承意识。

对于中国这样一个历史悠久、文化源远流长的国家，更加应该重视对自己民族文化的保护。对于历史文化，我们绝不能以利益的角度去看待。历史文化、民族精神是一个民族的魂，是这个民族的血肉，若是以利益去评判，这个民族恐怕只剩下一个空壳。

博物馆本就应该尽其职责，弘扬传统文化，决不允许以营利为目的，博物馆永远是姓"公"的。江山留遗迹，我辈复登临！也要让我辈之后辈有机会登临观之！

(李杰)

民主，我们是认真的

前不久，两份有世界影响力的报刊对中国做出了截然不同的排名。一份是英国《经济学人》"民主指数"排名，中国名列第137位；一份是《美国新闻与世界报道》"世界最好国家"排名，中国名列第17位。同样的中国，为何会有截然相反的排名？看来，不是中国有问题，而是对民主的评价标准有问题。在《经济学人》的5类60个指标中，中国几乎没有一项符合，其中将一人一票的票选制度、三权分立、多党执政作为评价标准，无怪乎中国民主指数低了。那么，究竟什么是民主，我们又需要什么样的民主呢？

民主自产生起，就有多种面孔。从直接民主到代议民主，从选举民主到协商民主，从形式民主到实体民主，民主经历了漫长的发展过程。但是，在此过程中，并没有产生一种适合所有国家的民主制度。在当今世界，即使自称"民主"的欧美国家，各国的民主制度也并不相同：英国的君主立宪制、美国的三权分立制、法国的半总统半议会制。这样看来，用所谓的普选、三权分立来衡量中国的民主，似乎就有些可笑和幼稚了。

中国的人民代表大会制度是符合中国国情的民主制度。自辛亥革命起，中国几乎尝试了世界上所有的民主制度，但统统归于失败，直到实行人民代表大会制度，中国才真正走上富强民主的道路。历史告诉我们，当今中国特色的民主政治道路是最适合中国的民主道路。其特色是：

第一，实行人民代表大会制度。人民代表大会制度是我国根本政治制度，由人民选举的代表组成的全国人民代表大会是我国最高国家权力机关。一切国家机关皆由人民代表大会产生，受其监督，对其负责。

第二，间接选举。自改革开放以来，我国选举制度实现了三个历史性的跨越：把直接选举人大代表的范围由乡镇扩大到县一级；从等额选举发展到普遍的差额选举；从城乡人口按不同比例到按相同比例产生人大代表。

第二，实行民主集中制原则。对于中央和地方的关系、国家权力机关和人民的关系、国家权力机关和其他国家机关的关系都做出明确规定。

第三，实行民族区域自治制度和宗教信仰自由制度。给予各少数民族和宗教信仰者充分的发展权利。

第四，实行中国共产党领导下的多党合作和政治协商制度。在政党关系方面，我国并非一党专政，中国共产党和各民主党派长期共存，互相监督，肝胆相照，荣辱与共，是通力合作的友党关系。

中国所需要的民主，要由中国人民自己创造。新中国成立以来，我们走出了一条内生式的、由人民群众自下而上推动和党内自上而下带动共同推进的、有中国特色的民主政治道路。党的十八大以来，中国民主建设有了实质性的进展。十八届四中全会提出"坚持人民的主体地位"，十八届五中全会提出"以人民为中心"，政务公开、司法公开等制度的建立，在中国民主发展史上更是具有划时代的意义。

坚持走中国特色社会主义民主政治建设道路，民主，我们是认真的！

（李婷婷）

西方对我国的"精神殖民"值得警惕

最近，郑若麟在网上发表了一篇《警惕西方的"精神殖民"》的文章，引起了大部分国民的讨论和深思。看了郑若麟的文章后，感触很深，也想了很多，其中尤其对郑若麟的精神殖民的观点感触比较深。

自从新中国建立到现在，以美国为首的西方国家从来没有放弃对我国的警惕。在新中国成立后，美国对中国在军事上实行遏制加孤立政策；经济上进行经济封锁和贸易禁运；军事上实行武装侵略和军事包围。例如：在军事上发动了朝鲜战争，派第七舰队侵入台湾海峡，插手印度人民的民族独立斗争，积极扶持日本和一些亚洲国家在太平洋地区建立军事体系，对中国形成一个新月形的包围圈。在政治上，想方设法孤立中国并削弱中国的国际影响力。联合一些其他国家对中国施压，不承认新中国的地位，并且阻挠中国加入联合国。在经济上，对中国实行全面禁运，阻挠所有国家的商船进入中国港口。

但是美国的孤立新中国政策并没有取得成功，中国很早就发现美国的野心和目的，所以积极采取措施打破封锁。一是中国积极与广大亚非拉国家搞好关系，得到了广大亚非拉国家的支持，在国际上有了一定的话语权。二是中国积极发展自身实力，提高综合国力，增强在国际上的影响力。三是中国与苏联为首的社会主义国家搞好关系，缓解美国的压力，突围美国的封锁。四是与美国积极改善关系，以1971年3月的"乒乓球外交"打开中美两国交往的大门为起点到1979年1月1日建立外交关系，标志着美国孤立中国政策的失败。五是中国积极加入联合国，在外交上突围美国，标志着美国孤立中国的政策的破产。六是资本主义国家纷纷与中国建立外交关系。这些原因导致美国的孤立封锁论失败。美国为了消除中国的威胁不会善罢甘休。所以又推出了针对中国的下一计划，即和平演变。

和平演变，就是在意识形态上西化社会主义国家。美国一直没有放松对社会主义国家的和平演变，尤其以20世纪70年代之后更为重视。后来发生的东欧剧变，苏联解体，美国的"和平演变"政策在其中发挥了重要作用。但是美国的这一政策对中国作用不大，并没有导致中国像苏联那样发生动乱。所以美国又推出另一计划，与"和平演变"对中国双头并进。

这一计划就是以"精神殖民"为主的文化侵蚀。从美国推行到现在这一计划取得了重大成效。郑若麟在青年公开课上讲"很多人将今天我们国家存在的所有令人缺憾的事，都寄托在'西方可以成为我们的未来'，寄托在将来某一天我们全盘'西化'之后，一切难题便会迎刃而解。所以他们听不得或拒绝一切有关西方的负面消息"。确实我们的社会存在这样一群人，这不得不说是西方国家的杰作。这些人的思想文化已经被西化，基本立场已经发生偏移，他们已经忘记了自己是中国人。这些人已经成为美国推行"精神殖民"计划的中坚力量，他们在网络上攻击党，攻击政府，攻击国家，攻击爱国积极分子。当中国出现负面新闻时，他们便制造谣言，无限夸大放大事件，意图引起所谓的"民心"，让民众产生仇官仇政府等心理，意图达到他们的目的。然而事实上他们的目的确实达到了，现在社会上仇官仇政府主义盛行，他们对官员、对政府、对国家不信任，无疑这些人又壮大了他们的队伍。但当我们的媒体稍微报道一些西方的负面新闻，这些人就不答应了，说我们为什么不能报道一些西方的正面新闻。他们听不得或拒绝一切有关西方的负面新闻。

现在以美国为首的西方国家发现他们的这一计划在中国取得了显著的成效。所以近些年他们又加大力度对中国推行新一轮文化侵蚀。

通过多种方式，多种途径对中国国民的意识形态、思想文化进行"洗脑"。比如说宗教、书籍、电影、广告、美食、产品等。就像郑若麟说的，运用他们的奖项构筑我们的价值观。例如，诺贝尔奖项几乎影响我们的各个领域。不知什么时候开始，诺贝尔奖成了我们的最高权威，最高荣誉，我们的价值居然以他们的价值为准，这不得不让我们深思。还有，就像郑若麟说的，在电影领域，最高奖不是我们的金鸡奖、百花奖，而是奥斯卡奖、金棕榈奖。中国电影的好坏居然靠外国的奖项评判，这不得不说是西方对我国国民成功的"精神殖民"。

再比如说用宗教这个强有力的武器西化我们的思想，对我们"精神殖民"。据官方统计数据显示，到 2014 年我国基督教人数在 2300 万到 4000 万之间，并且处于每年增长的趋势。[①] 但 FT 中文网报道说中国基督教徒、天主教徒和新教徒的总人数约为 1 亿，比中共党员还要多，并预测在未来 15 年内，中国将成为世界上基督徒最多的国家。这个数据是令人心惊的，基督教徒的人数居然远远超过了党员，西方对我国的宗教侵蚀居然这么严重，这不得不让我们重视。无疑西方国家在宗教领域对我国的"精神殖民"是成功的。

再比如说美食，不知从什么时候开始，我们的大街小巷被肯德基、必胜客、华莱士等西方美食品牌占领。现在去这些地方吃东西居然成了中国年轻人的时尚，和一种炫耀的资本。西方完美地在我们的年青一代构筑了它们的美食价值观，这一步实现后，离完全被"精神殖民"也不远了。

上面的这些只是个别例子，西方对我国的文化侵蚀是方方面面的，涉及各个领域、各个行业。它们通过各种方式、各种途径，来推行它们的意识形态、它们的文化、它们的价值观，意图对我国的国民进行全面的"精神殖民"来达到它们的目的，意图从内部分化我们，以达

---

① 《中国基督教信徒人数在 2300 万至 4000 万之间》，《人民日报》2014 年 8 月 6 日第 11 版。

到他们所说的"不战而屈人之兵"。当我们静下来思考时，发现他们的这一计划在中国取得了巨大的成功，我们的大部分国民不同程度地被"精神殖民"了。

郑若麟说精神被"殖民"有三个特征，第一是自认征服者为我们的精神主人，第二是自觉接受征服者对我们的权利，第三是根据征服者的意愿改变自己的一切。这三个特征我完全赞成，但我觉得还应该加一个特征，就是被殖民者充当征服者的枪手去分化自己人，进一步地推行"精神殖民"政策，以达到最后的全面殖民。

这几年以美国为首的西方国家对我国文化侵蚀的力度越来越大，无疑它们的"精神殖民"政策在中国取得了显著的成效。这无疑进一步地促使西方再一次地加大力度。我觉得国家应该实行一些对西方"精神殖民"政策的抵御措施，反制措施。我们不能看着国民被西化，然后反过来分化我们自己，最后导致全民被殖民，导致我们国家失去自己的文化、自己的思想、自己的价值观。

不过，我还是相信大部分国民是理智的，对西方文化是持谨慎态度的，能够坚持我们的思想、文化、价值观。我真切地希望每一个国民能够爱党爱国，爱自己国家的文化，树立社会主义核心价值观，树立坚定的民族自信心。希望祖国早日实现伟大复兴的中国梦。

（邵东）

追求独立自主不应以分裂国家和牺牲民族利益为代价

《环球时报》对蔡英文发表的一系列讲话和其越来越模糊的"九二共识"的态度发表评论称,"蔡当局失去了避免与大陆对抗的机会"。

自蔡英文今年 5 月 20 日上台执政以来,就采取了一系列的措施不断巩固"台独"的基础。由最初发表的就职演说中的模棱两可的两岸政策,到间接拒绝承认"九二共识"的成果,再到后来的遣使官员递交"入联申请"以及最近的"双十讲话"中避重就轻,只谈"九二共识"的历史事实,不承认"一中"的内涵,要求"北京正视中华民国的存在"。所有的这些行为都在表明其顽固不化的"台独"政治立场。

作为一个政党集团,追求独立自主固然有其合理性和正当性,但这种合理性和正当性是建立在本民族受到外来民族压迫和侵犯的基础上的。我们拒绝任何形式的以分裂国家,牺牲民族利益为代价的追求独立自主的行为。借着民主旗号为一党私利的行为和不顾国家民族大义的狭隘政治眼光,在强大的民族凝聚力面前都避免不了粉身碎骨的命运。

如此明目张胆地分裂国家的行为,蔡英文当局在西方的自由平等民主等"普世价值"指导下一意孤行,将两岸关系越带越远,越带越危险。在其西方盟友的支持下,蔡英文当局一味地反抗中央政府,致力于实现其将台湾从中国分裂出去的政治目的。在盲目地坚持着中央政府不会动武,西方盟友会援助的信条下,蔡英文当局拒不放弃"台独"立场并企图利用"《中华民国约法》"来为自己的分裂国家的行为买单。

虽然中央政府不愿意看到两岸关系发展到兵戎相见的地步,但是如果有人要分裂国家,破坏民族团结,相信每一个拥护祖国统一的中国人都会支持中央政府捍卫祖国统一的立场和行为。我们爱好和平、自由、民主,但我们拒绝任何人或政党用任何形式以分裂国家和牺牲民族利益为代价去追求所谓的政治独立、政治民主和自由。

(赵钊定)

我国新型隐身战斗机正式列装，三十年河东三十年河西

最近印度媒体被来自中国微博上一张照片给"炸"了，没错，就是在四川稻城亚丁机场出现的中国国产五代机歼-20。印度媒体的反应，让人很是熟悉。

比如，印度新德里电视台网站的标题就很有一些国内网站"惊呼不可战胜"体的味道：《中国绝密隐形飞机在警告印度几天后突然现身西藏》（当然他们搞错了稻城亚丁机场的地理位置……），其他印度媒体则用了《中国在藏南附近部署隐身战机》之类的标题。新德里电视台把稻城亚丁机场搬到了西藏……新德里电视台网站文章最后还说："印度目前没有任何隐身战机，印度和俄罗斯合作的第五代战机（FGFA）还要几年才能投入现役，而国产先进中型战斗机（AMCA）现在还在绘图板上。"听起来颇是急切。而该电视台的评论节目中所提出的应对方法就更有点让人回想起我们当初"歼-8枪挑F-22"的构想。在一则印度电视节目中，接受采访的嘉宾表示，可以依靠高空高速的米格-25、幻影-2000等战斗机击落歼-20。

其实歼-20去稻城亚丁只是进行高原机场测试，但看起来，好像我们一不小心又把喜马拉雅山以南的小心肝给吓到了呢……看了这个评论，笔者顿时感觉到温暖的怀旧感。

2006年，美国宣布F-22战斗机开始进入空军服役，并实现IOC（形成初始作战能力）；2007年1月18日，美国F-22"猛禽"战斗机

首次进驻日本冲绳。当时还是空军上校的戴旭在2006年第7期《国际展望》杂志发表文章：《第27中队入侵 美国隐形空军与当代战争样式革命》，文章里面有几句话颇有点"振聋发聩"的意思："在相当长的时间内，不仅在东亚、亚洲甚至整个世界，都看不到平衡隐形空军的军事技术力量。"稍后，《国际展望》杂志又刊登了一篇，文章中为现有防空武器和技术对抗隐身战斗机"支招"，提出"连弹丸小国捷克也能研制出可发现隐形机的'塔玛拉'被动定位雷达和'维拉'无源探测雷达，那么中国和俄罗斯即将拥有或已经拥有反隐身能力更强的雷达系统也就绝不会令人吃惊"。文章由此提出可以用S-300等防空导弹来对抗F-22，还提出"即使暂时无法以较高的命中率击落B-2、F-22，那么能拦住它们投射的战术导弹，也等于达到了防空的目的"。该文引用毛主席"你打你的，我打我的"的名言，提出用弹道导弹、巡航导弹突击F-22的机场和航母；甚至派特种部队将其击毁在地面。

金庸《倚天屠龙记》里三僧对阵张三丰，嘴里虽说"不惧"，心中其实大惧，先便打好了千百人一拥而上的主意。当时咱们真是为F-22作战的每一个环节绞尽脑汁，试图从中找出弱点，当时全军"三打三防"其中"打隐形战机"就是列为空军地导部队的重点课题来抓。立足于当时的环境尽可能地发挥武器装备的最大作战效能，无可非议，然而敌方五代机仅靠代差就可以轻松突防我军当时的防空体系，"三打三防"只不过杯水车薪罢了。

似乎大家都忘了，说到底，我们对付的只是一个中队的F-22罢了。要大动干戈，用上各种方法，冒着巨大的风险、巨大的伤亡、巨大的损失，去对付它们。仅此一点，可以说，F-22已经超额完成任务了，它们的威慑作用某种角度来看，真是超过了核武器。

此外，看看现在的印度和美国媒体，基本就是拿歼-20的发动机当作救命稻草了。大家可以宽心，歼-20即使使用现有的发动机，性能也已可以和F-22公平较量。正是由于歼-20的出现，F-22对中国的战略威慑效用也就丧失了。最近半年内，美国F-22战斗机根据"快速猛禽"计划，加强向欧洲部署的能力。是对谁施压，又为什么能取得效果，就不言自明了。

　　正式列装后，我国第一支歼-20飞行部队可能将赴全国各地，让空军各部队感受隐身时代的空战。就像当年苏-27SK部队接装后的任务一样。到那时，我们可以等着看周边一些国家的媒体挨个上演印度媒体这两天这样的好戏——这套路，咱都懂！

（李翔）

"魏则西事件"：企业捡起责任，政府加强监管

近日，全国最大的搜索引擎百度和起家于福建的莆田系民营医院被推上了舆论的浪尖，起因在于大学生魏则西患有罕见病滑膜肉瘤，多方求医无果的他最后通过百度搜索找到了"莆田系"武警总队第二医院，在花费近20万元的费用后仍然不治身亡。在去世前他曾质疑武警总队第二医院虚假宣传无用治疗方法生物免疫疗法，并质疑百度经过竞价后提供医疗信息有误导之嫌。

企业在追求经济效益的同时，不能丢失社会责任。该事件引发了热议，有人认为是搜索引擎百度的责任，没有履行好企业责任，一味追求经济效益。作为全球最大的中文搜索引擎、最大的中文网站，其竞价排名模式，是百度推广的一个付费模式，简单便捷的网页操作即可给企业带来大量潜在客户，也能够有效提升企业知名度及销售额。但百度对于鉴别参加竞价推广者的医疗资质没有很好的"把关"作用。习近平总书记说过，"做搜索的不能仅以给钱的多少作为排位的标准"。百度却在利益的驱使下，有意让误导性甚至欺骗性的信息出现在用户搜索结果首位，从"白血病友贴吧被卖"到魏则西之死，无不拷问着企业的责任伦理，面对孤苦无助的患者仍利欲熏心。追求经济效益固然重要，但更别忘了社会责任，在自身发展的同时思量如何回报社会。

企业的运营活动不能脱离法规和政府的监管。除了百度，莆田系医院也引起了热议，莆田系医院在中国犹如参天大树一般笼罩着医疗

卫生行业，把老百姓的生命玩弄于股掌之间。莆田老板的发家史就是血的证明，80、90年代的游医，千禧年前夕遍布全国各地的私人诊所，"莆田系"不断地成长、壮大，最后拿着患者的"血汗钱"联合起来进军正规的医院以及周边的行业，莆田系医院在医疗广告、承包正规医院科室等方面诸多违规操作，多年来也不断被媒体曝光，结果却是发展势头越来越猛。这也暴露了我国医院市场化操作依然存在问题，民营医院行业乃至整个医院行业确实存在着大量不合规的行为。对于这些不合规的行为，最好的解决办法就是交由相关部门依规依法处理，也必须依靠不断完善的制度和强有力的监管措施来解决。

"魏则西事件"不仅折射出中国医疗监管里的黑洞，还暴露了互联网企业缺乏责任伦理。现今社会，互联网信息冗杂繁多，我们难以辨别，公立医院看病难，民营医院缺诚信，老百姓需要更强有力的监管措施和医疗政策！

（王博耘）

向"执法能力"要"公信力"

2016年4月30日,一段"执法队员殴打群众"的视频疯传于各大媒体,受到了众多网友的关注和热评。随后,被证实是海口市秀英区政府对长流镇琼华村违法建筑进行强拆过程中,出现了暴力执法,更为引人关注的是将"执法棒"挥向了妇女、老人和少年。事发后,海口市委立即对相关人员进行处置,秀英区区长引咎辞职。海口市公安局秀英分局对5名涉事联防队员立案侦查并依法刑事拘留。一时间,"暴力执法"笼罩着整个事件,殴打老人、妇女和儿童更是成为了舆论的焦点。

"违建"固然是不对的,影响了国际旅游岛建设形象以及城市建设和管理。但是在执法之前,领导者是否了解了民意,倾听了民众的利益诉求,做好了群众的思想工作?如果前期工作都未做好,脱离群众,急于完成工作任务,瞎指挥,强制拆除必然会遭到群众的反抗。即使出现了暴力反击,难道执法者就要"以牙还牙",甚至对手无寸铁的妇女、老人和少年进行殴打吗?在这种情况下,执法者更应该沉得住气,耐得住性子,采取灵活多变的方法协调双方矛盾冲突,遏制事件向恶性转变。

党和政府是人民利益的代表,"为人民服务"不是简单地刻在政府的办公楼的墙上,而是要将这一宗旨意识刻在执法者的脑中,留在心里,落实在行动上。暴力执法虽在某些特殊情况下能快速取得成效,但是其成绩是以巨大的公信力代价换来的,更为党纪国法所不能容忍,坚决不能为暴力执法留下可生存的土壤。

近些年来，"暴力执法"的字眼像幽灵一样出现在各大新闻媒体上，行政执法部门的个别执法人员在执法过程中，执法为民、为民服务意识淡薄，工作方式简单、暴力，严重损害了人民群众的利益，影响了党和政府的形象，削弱了政府的公信力，拉远了党和人民的距离。

避免暴力执法，提升政府的公信力，关键在于打造一支高素质的执法队伍。而高素质的执法队伍的建设的核心是提高执法者的法治意识和执法能力。执法人员是政府公信力的主要承载者，在很大程度上来说，民众对政府的评价，来源于对每个执法人员的具体执法行为的认知及评价。执法人员要赢得社会公众的信任，就应树立执法为民的法治理念，努力提升自身的政治素质、业务素质和道德修养水平，具备良好的职业操守和公平、公正执法的能力。正如习近平在今年的政法队伍建设上强调："要把能力建设作为一项重要任务，全面提高政法干警职业素养和专业水平。"

执法者要有群众观点和群众立场。执法者在具体的依法办事的过程中，应站在人民群众的立场上，做通、做好群众工作，耐心倾听人民利益诉求，从大局思考问题，采取灵活多样、高效的方式解决问题。而不是简单粗暴执法，站到人民的对立面上去，要成为人民的"公仆"而不是"公敌"。各级执法部门务必要以此为戒，敲响警钟，吸取教训，提高执法能力，莫让政府"公信力"的小船说翻就翻！

（黄天佑）

师道尊严，不容践踏

古人云："一日为师，终身为父"，而2016年4月15日安徽蒙城范集中学学生群殴老师事件完全与这句倡导尊师重道的古训相悖。这起事件的视频在网上被疯狂转发。在视频中可以看到，这件事的起因是考试后老师要收卷，而学生不给，态度并不友善，老师用右手抓住学生脖子，一群学生在这时围上去对老师进行疯狂的拳打脚踢，在这过程中老师反抗回打学生。据了解，双方已达成谅解。当地教育、公安部门对涉事学生进行了批评教育，并责令其监护人加强教育管理；责令马老师写出深刻检查，由教育主管部门按规定程序处理。

但是这种各打五十大板的处理结果，并不能够令人满意。双方握手言和，达成谅解，就意味着这一事件就到此告一段落了吗？恐怕不仅如此吧，由这一事件衍生出来的问题还要我们进一步去思考。

就这一事件而言，表面上看是学生打老师，其实根本上是社会轻视老师的一个缩影。这件事在老师上体现是个人化的问题，在学生身上体现的就是个体社会化过程中的问题。"教师"这个在古时被奉为神圣职业，在任何国家、任何时候都是被尊敬的，那么为什么现在教师这个职业不再像从前一样？究其根本，一方面是教育产业化的结果，很多人把教育认为是自己购买的一项服务。这种认识带来的后果就是对教师的不尊重。一些人似是而非的所谓"师生平等"观和家庭对独生子女的过度溺爱，弱化了尊师重教的传统；另一方面，我们都知道教师并不属于高收入人群，甚至有些地方教师的工资待遇还很低，在如今这个功利化的社会中，这样的教师社会地位自然就不高，对教师的重视程度当然也不如从前。

从法律角度来看，双方的行为都有过错。学生属于未成年人，并没有相应的法律条规来约束，由此可以看出，制约青少年违法行为的法律法规严重缺位。社会失范，大多因为法律缺位。就是有这种漏洞的存在，近年来学生打老师、学生之间互殴等校园暴力事件屡见不鲜。

在法律层面，国家规定了老师不能够打学生，却没有保障老师不被学生打的权利。在法律缺位的情况下，要改变这种状况，我们要进行艰苦耐心的道德重建。从尊敬师长等最基础的道德观念出发，厘清尊师重教的理念，重建全社会对教师群体的尊重。

学生围殴老师，不懂得尊师，也反衬出当前的教育出了问题。在一些人眼中，应试教育高于一切，以至于尊师重道风雨飘零，老师可以被围殴，这样社会难道不会被撕裂？教育关乎国家和民族的未来。我们应该反省当前的教育，重视教育中的道德建设，避免学生的人格缺失，让学生懂得师道尊严不容践踏的道理，对教师这份职业多一些尊重。重建尊重教师、尊重教育的社会道德秩序，这才是我们最期待的结果。

（严菲菲）

莫将善心变为政府敛财工具

2016年5月12日是汶川地震8周年纪念日，现今汶川的繁荣景象也算是对逝者最好的慰藉。地震发生后全国人民纷纷捐款捐物，帮助汶川重建美好家园，捐款总数达到652亿元。除去汶川的重建，余下大约还有501亿元善款。可这501亿元善款去向却不明，人们众说纷纭，其中多数人认为是政府私吞了善款，一时间当地政府被推上舆论的浪尖。当地政府随即以图表分析的形式解释善款的去向，向公众证明善款的确用于灾后的重建。从直观上看民众说法虽然有误，但表明政府主导善款管理和支出是事实，也透露出完全由政府主导善款的确存在着问题。

2004年慈善事业被写进中央文件，和社会福利、社会救助、社会保险一起，变成了社会保障的制度内容。从法律上承认了"慈善与财政不分家"，也承认了政府插手善款的合法性。

从汶川建设上看，政府管理善款有一定的合理性。我们不能否认的是在当时的境况下，政府统一调配善款是一个稳妥的选择，可以避免各种虚捐诈捐的情况和资金管理不严的情况。并且实践证明，这样的做法的确提高了资金利用率，加快了汶川的灾后重建工作。

但是，政府插手慈善款，利用慈善款补充公共财政，容易产生所谓的"慈善财政"，长此以往，寻租和腐败问题接踵而至。带有官方色彩的慈善组织充当了当地政府的"钱袋"，地方捐赠企业通过官方慈善组织与地方政府建立联系，形成"政府—官办慈善机构—捐赠企业"

利益的铁三角,为腐败和权钱交易提供了土壤。同时,地方政府的寻租行为愈演愈烈,举办一些募捐活动,这是一种明目张胆的"索贿"行为,即使企业不想给,也非给不可,长此以往,民声载道,政府最终会付出公信力的成本。根据《中国青年报》报道,2011年,陕西神木为了筹集"免费医疗、免费教育、免费养老"三大公益基金,成立8个募集小组,由政府各部门领导牵头,募集范围覆盖公务员系统、煤炭系统和各大企业。据称,募捐晚会上台举起大额捐款牌的"煤老板"几乎都僵着脸,不愿意给却不得不给。同时政府利用慈善款进行公共事业的建设混淆了"社会福利"与"慈善"的概念,使得慈善成为政府财政收入的工具。政府用于灾后重建的资金主要来自于财政收入,即利用税收进行转移支付,属于"社会福利"的范围,用于公共设施的建设。而慈善善款是人们奉献爱心捐出的钱,应该由慈善机构统一管理,政府不应该插手慈善善款,否则多收税就是了,何必设立慈善机构接受善款。

利弊的对比,结果一目了然。诚然,政府的插手会提高善款的利用效率,可是寻租和腐败问题也层出不穷。这件事弊终究大于利,因此,政府不应该插手慈善款,即政府应该退出募捐,这才是大势所趋。最根本的是要完善《慈善法》,从制度上杜绝慈善财政的出现,厘清政府与慈善机构的关系。

(李思雨)

维护两岸关系，做理性中国人

蔡英文上台之后，大陆和台湾的人们都在观望，不少人推测大陆与台湾的关系将逐渐恶化，这是大陆不愿看到的。在政治上我们每个个体能做的很有限，但是，在实际生活中我们可以为两岸关系做的有很多，做一个理性的人，理性对待少数"台独"分子的偏激言论，是我们每个大陆公民应该做到的。

近日，自称是公民记者的山寨组织"台湾民政府"成员洪素珠于今年2月28日当天，在高雄二二八和平纪念公园辱骂一位荣民①。昨天（6月9日），微博网友@民为邦本之崇华媚中 分享了这段视频，引起两岸网友集体声讨。据网友了解，该女子并非第一次对来自大陆的老人进行言语攻击，情况恶劣，令人发指。

从这个事件中我们可以看到，台湾客观上存在着"台独"分子和仇恨大陆的人。但是，我们并不能由这一个人推断所有的台湾人民都是仇视大陆人民的，我们更不应该因为这一个人的言论就仇视台湾，我们应该看到广大的台湾同胞是尊重大陆人民的。大陆和台湾互相敌视是"台独"分子最想看到的，如果我们因为少数"台独"分子的过激行为就敌视台湾，那就正好顺了"台独"分子的意，中了他们的圈套。作为一个爱国者，当有分裂势力出现时，我们应该保持理性。在

---

① 台湾退伍军人的尊称，多指曾参与抗日战争或随国民党政府迁台的外省籍退伍军人。

这个事件中，我们应该谴责洪素珠，并要求她对自己的做法负责，不管她是作为一个年轻人对待一位老人，还是作为台湾人对待大陆人都是极其错误的、不道德的。同时，我们也应该看到，台湾人民中有大部分人也对此人采取了谴责的态度，台湾和大陆人民都集体对此人进行了声讨，可以看出，她的言论只能代表她自己，不能代表台湾全体人民。因此我们要坚持理性，不以偏概全。

这个事件的发生是主观原因与客观原因共同作用的结果，相对于主观原因，我们更应该关注这一事件的客观原因。一方面，在视频中洪素珠声称自己是日本人，这体现了日本对台湾的影响并未完全消除，甚至是留下了一定的"后遗症"。由于日本在殖民时期客观上促进了台湾在经济政治文化等各方面的现代化，因此，在多年后的今天，仍然有部分"台独"分子对"日据时期"表示怀念，甚至坚持声称自己是日本人，而这种观念无疑将加深"台独"分子对大陆的仇视。另一方面，除了一些历史遗留问题，中国的快速发展，经济地位政治地位的上升，也是引起此次事件的客观原因之一。近年来中国的综合国力、国际地位都在不断攀升，而台湾引以为傲的相对于大陆而言的显著的政治优势经济优势在逐渐丧失，这使得某些台湾人民心理失衡从而加深了对大陆的仇恨，从而做出过激行为。

做一个理性的中国人要求我们正确认识事件发生的客观原因，而不是以偏概全来增加海峡两岸的分歧。做理性的中国人才是爱国的表现，理性爱国才能为维护两岸关系贡献力量。

（王曾珍）

莫把仁爱当筹码，来时悔恨武断言

"大陆不要误判，以为台湾人会向压力屈服。"这是蔡英文对大陆的宣言。短短一句话，伤了万千心。台湾是中国的一部分，何来屈服之说，我们只有一个家，那就是中国。

民意，从不是一个借口，一种可利用的手段，任何人都不应打着"民意"旗号搞"台独"，做违背民意之事。"这种压力是所有人民一起承担，不是政府就可以直接做决定，必须探求及探知民意之后才能做出决定，台湾政府不可能做出违反民意的事情。"这是蔡英文在接受《华尔街日报》采访时所说的话。这些话语，让我们每一个中国人愤慨，自古台湾就是中国的一部分，九二共识后，台湾与大陆便达成共识，只有一个中国，台湾是中国的一部分。然而蔡英文等民进党却妄图想要推翻九二共识，拥抱"深绿"。还说出大陆压迫台湾的话语。试问，何为民意，何为真心，莫把仁慈当筹码，来时悔恨武断言。

何为民意？真正民意是全体中华儿女包括全体台湾同胞的心中所想。中国，有一个宝岛叫作台湾，这是每一个中华儿女自出生以来便知道的常识。无论是台湾还是大陆，"只有一个中国"的共识深深地印在我们两岸每一个人的身上，蔡英文说这种压力是所有人民一起承担，不是政府直接做决定。何其可笑。难道民意是掌握在她的手里，她说是如此便是如此吗？据了解，蔡英文在上台后仅仅两月，支持率就下降了14%。难道这就是所谓的民意吗？若这样讲，按照民意，她是不是就该下台了呢？以民意来作为借口，她真的考虑过民意吗？

中国一直将台湾作为中国的一部分，在政治经济文化上互相帮助扶持，只愿台湾能够早日归家，回到祖国母亲的怀抱，不要被"台独"等势力影响。这是我们每一个中华儿女的期望，然而蔡英文的那句屈服，那句压力，那所谓的民意伤了我们多少中华儿女的心。

我们只有一个家，名字叫中国。无论是台湾还是大陆，我们都是一家人，没有谁逼迫谁，只有同呼吸共命运。中国的仁爱面向着中国的每一寸土地，今日的互助只为能够迎来中国更加美好的明天。蔡英文面对着《华尔街日报》的采访所说的话，更加坚定了我们中华儿女渴望祖国统一的决心与意志。

我们希望与台湾和睦相处，同呼吸共命运，所以我们一味地支持，忍让，但这并不是让台湾挑衅我们的理由。我们不是没脾气，只是仁爱而已。台湾是中国的一部分，我们只愿它早日回归祖国的怀抱，而不是与其兵戎相见。不要在未来悔恨今日武断的言语，台湾啊，祖国母亲等着你的归来，数亿中华儿女等待你的回归。我们在期盼！

（王欣）

城管执法网络直播：执法的一扇新窗

6月1日晚8点，在郑州市中原区有这样一群城管：他们举着手机，一边对街边违法行为进行整治，一边对手机进行详细的解释。违法的商贩羞愧地停止着自己的行为，围观的群众点赞叫好，城管人员耐心处理，悉心教导。这和以往充斥着混乱和对抗的城管执法场面迥然不同，一切都显得那么祥和自然，这就是郑州市中原区城市管理执法局首次尝试网络视频直播城管执法的场面。

网络直播，顾名思义，就是通过网络平台，以视频直播的方式，将自己所经历着的事情呈现出来，给众多的网友观看，网友们同时还能够通过弹幕作出文字交流。网络直播的实时性、便利性、真实性，已然使它成为一种新兴的传播媒介，网民们可以每时每刻通过各大网络直播平台关注每个主播所带来的奇闻趣事。而这次郑州市中原区的城管们做主播，直播执法的行为，无疑就是一次对新兴媒介的极好利用。

近年来，城管在普通民众心中的形象往往是和暴力、低俗、不通达、冷血等负面形象联系在一起的。然而当我们去关注那些所谓的城管暴力执法的报道时就会发现，片面报道是造成城管负面刻板形象的重要原因。新闻媒体们往往会引导公众的视野，将大家的关注点聚焦在城管如何暴力地进行执法、受伤害的商贩生活背景是如何惨淡，再加上几张城管执法以及商贩慌乱的图片，大众的视野便局限在城管的"暴力"执法中。然而，我们却忘记了城管为什么要去执法，忽视本身商贩违法这个客观事实，他们是否是多次违法？他们是否是明知故犯？举一实例，海南师范大学侧门的街道明文规定是不准设置小吃摊的，但是每天依然有很多商贩挤满了整个街道，而每次城管来执法，这些商贩都是飞速地推着车子逃跑，他们不是惧怕城管的暴力执法，而是惧怕小吃车被城管没收所造成的巨大损失，而这之中很多商贩是有前科的。大多数人会说生活不易，为什么城管要这么绝情，而事实是在海师大内部设有小吃城的前提下，商贩们依然为了逃脱摊位费而"顶风作案"。城管一而再，再而三地整治，商贩们依旧我行我素，这也是一个事实。很明显，多数时候，暴力执法的原因既有城管的违规执法，也有商贩的违规摆摊；而往往是商贩违规在前，城管违规在后。但在很多的新闻报道中，暴力执法的原因都被简单地归结到城管一方身上。很显然，对于城管执法，我们缺少的是理性的思考，更多的是凭借直观的感受感性地看待问题，以至于中国的城管，成了"恐怖的存在"。

郑州市中原区的城管们，无疑给了城管执法一个新的思路。一方面，网民们可以看到违法的具体事实，而如此大的曝光，会增加违法者的违法成本，起到对违法者的威慑作用；另一方面，直播使得城管的执法透明化，网民们可以实时监督城管队员，减少诸如"暴力执法"的不当执法行为，有效地提高城管队员的执法能力，使执法过程真正地公开、公平、公正，执法文明化。除此之外，网络直播特有的弹幕功能也对城管执法提供重要的启发和帮助。通过弹幕，网民们可以随时发表自己的观点，提出自己的建议，对现场的城管队员提供最及时的方法策略，亲身参与到城市管理中。更为重要的是，网络直播可以增进网民与城管之间的互相了解，改善城管的形象，提升执法者的权威。

城管执法网络直播，作为与最新技术相结合的产物，适应了大众需求，显示了管理者的睿智，也为管理者的执法打开了一扇新窗。

（曹泽荣）

感动不能牺牲价值判断

现今社会生活中信息量巨大，各类媒体、平台每时每分都有数以万计的新闻报道输出，而在新闻传媒和受众这一双向互动的关系中，传媒记者起着很重要的作用。就一事件而言，最初的舆论走向是由传媒决定的，但后期往往会被我们再加工，事件或反转或随主流越走越远，因此最后的舆论走向难以决断。

最近媒体又发掘出了六一节"偷鸡腿妈妈"的故事。

一名小偷在超市里面盗窃了薏米、红豆、鸡腿、一本儿童图书，总价值70多元。这名刘姓女子家里有一对双胞胎女儿，都患上了严重的肾病。随后，民警帮她埋单，然后放她回家。随后网上发起了捐款，目前已经收到了30多万元的善款。再然后，又传出这位妈妈原来是个惯偷。而根据大众网最新的报道显示，"偷鸡腿妈妈"否认自己是"惯偷"，超市收银员也表示"是第一次发现"。照此说法，此前一些人所谓的"反转"并不成立。

一直以来，媒体热衷于报道悲情故事，但我们对这一现象保持着适度的警惕，一是因为这些故事同质化严重，好像一个成功了，就会出现一大堆的山寨版，让人有一种审美疲劳的感觉，人的爱心往往就在这种审美疲劳中被慢慢消耗了。二是一些媒体在讲述这些故事的时候过于肤浅，只求赚取一些廉价的眼泪，却无法触及故事背后的人性。当前社会似乎存在一种"我穷我有理"的思维，因为我穷所以我做什么事情都是对的，可以随意破坏法律，可以随意损害公共利益和他人的利益。这样的思维对社会秩序、公序良俗都是一种破坏。中国古代历来就有"饿死不乞讨，穷死不盗窃"的传统，坚守这种气节，是对民族精神和社会道德的尊重。如果把这位母亲的偷窃行为当成正能量的故事来讲，会助长"我穷我有理，我弱我任性"的不良风气。

其次，偷鸡腿与获捐这两件事情不能简单地挂钩。有网友评论说："'偷鸡腿能获捐款30万元'，如果类似的新闻一再出现，人们还能保持同样的同情心吗？"

说到这儿，要为那位警察点个赞，他的处理还是得当的。70元的被盗物品不够立案标准，给当事人以训诫是应该的。同时，看到当事人的困窘状况，积极给予帮助，为其捐款，体现了社会的爱心与真情，这才是值得称颂的正能量。

目的正确不代表手段正确，感动不代表要牺牲基本的价值判断，特别是媒体，不能误导公众、美化错误，不能为违法行为找被原谅的由头。

"偷鸡腿妈妈"的事情生生被媒体炒得夺人眼球。进一步讲，在这件事上最大的输家是国家的慈善制度和保障制度，如果这些制度健全，就不会出现这种被人同情的违法。制度不是一天建立的，政府不可能在短期内就建立适合所有人的制度。就这件事而言，本来钉和铆的区别，被其弱势的身份的这块磁铁吸在了一起。这位母亲的出发点无疑值得同情，但是她的做法是伤害另一个弱势群体（售货员）而满足了自己，这一点上无疑是错的。客观地讲，用不幸去掩盖违法，这是违背法治精神的，法律不应该以这个人的背景和出发点作为判断，只能以行为的后果来判断。当然，我们也要反思是什么使一个母亲为了一个鸡腿铤而走险走上违法的道路。

最后想起一句话："一个人为金钱犯罪，是这个人有罪；一个人为面包犯罪，那是这个社会有罪。"

（奂月霞）

青年人：莫为房价遮望眼
风物长宜放眼量

在当代中国，房价总是备受关注的焦点，牵动着整个社会尤其是青年群体敏感的神经。最近，全国各地房价快速上涨，北京、上海、深圳、南京等一二线城市房价犹如坐上了过山车，飙升的房价如同多米诺骨牌，给社会带来连锁影响。在深圳6平方米的鸽子楼里、在上海长龙般的"假离婚"队伍前，在北京潮湿阴暗的地下室里，有着刚需的青年人们"望房兴叹"，悲观、气愤或是不安、踌躇笼罩在这些为未来打拼的青年人心头。

在中国，房子似乎控制了青年人的生活，成为悬在青年人头上的"达摩克利斯之剑"。当青年人因为买不起房，无法恋爱、结婚；当青年人因为高房价无法落户、无法实现子女就学、无法融入他们苦苦打拼的城市；当青年的自我奋斗和努力在高昂的房价面前不值一提；当他们工资上涨的速度远不及房价飙升的速度，青年人不禁发出"时代之问"：高昂的房价面前，我的奋斗还有意义吗？

青年人不要被高房价左右了人生最求。奋斗是人一生的生活方式，房子只是人生奋斗想要实现的某个物质条件，别让高房价"异化"了青年奋斗的价值选择。青年时期是人生的关键几步，但也只是人生交响曲中的一个乐章，不能因为面临着房价的压力，就改变了人生的态度。我们不能因为"蜗居"就选择"啃老"；不能因为房价的起落，就拜金、炒房、投机取巧；不能因为经济的一时困窘，就短视逃避，畏葸不前。人生是竞技场，房子当不了年轻人的温柔乡，给你一套豪宅，你也不足以撬动整个人生，个人奋斗依然意义重大。青年人，莫让房价牵绊了你奋斗的脚步，消磨了你拼搏的精神，产生价值观上的偏差。"北上广不相信眼泪"，房价的起落也是市场杠杆作用的结果，但青年人还拥有一生的时间维度去拼搏，这难道不是最大的财富吗？

　　青年人要在高房价面前保持积极心态。不得不承认，高昂的房价、较高的生活成本某种程度上造成了阶级固化和社会流动不充分，给当代青年人带来较大社会压力。这是转型社会中多种问题错杂交织的结果，但我们的青年人不能"累觉不爱"。房价上涨的压力之下，青年人不能选择颓废的"葛优瘫"，不能放弃长远的自我奋斗，更不能消解脚踏实的拼搏精神。青年人的奋斗活力是整个民族的生机。青年人们：莫为房价遮望眼，风物长宜放眼量！

（倪圣铭）

让社会充盈诚信的空气

据媒体报道,由中国政法大学中国诚信建设研究中心主持完成的《中国诚信建设状况研究报告》正式发布。报告指出,中国诚信建设总体形势健康向上的同时,商业诈骗、制假售假、学术不端等诚信缺失问题,在一定程度上已成为制约我国经济社会健康发展的顽症。数据显示,企业每年因不诚信导致的经济损失高达6000亿元。这样的问题,警醒我们:让诚信成为社会的底色,任重而道远。

诚信既是公民道德的基石,又是社会前进方向的风标。随着信息时代的发展,诚信已经越来越成为每个人在社会上的"通行证"。无论是谈判签合同,还是银行贷款、信用卡办理,都与个人的诚信挂钩。诚信就像空气,用之不觉,失之难存,须臾不可离。人而无信,不知其可。客观而言,从"乡土中国"到"流动中国",从"熟人社会"转变为"陌生人社会",社会的急剧转型,人口的大量流动,确实会给人带来陌生感。然而,人与人的交往绝不是骗一次算一次的博弈。古人言"以诚感人者,人亦诚以应"。人与人之间的交往,只有互相信任,才能打开心门,信任度才能不断提高。

我们缺的不是诚信的呼唤,而是诚信的坚守。从对虚假新闻的声讨,到天价龙虾的反思,再到对老人跌倒扶不扶的讨论,这些道德事件,无不反映出人们复杂的心理。面对种种道德事件,人们是坚守还是明哲保身?由于某些人刻意败坏道德的行为,致使人们对这些本该高尚的道德行为产生了质疑。我们是该遵循内心,对诚信缺失的不道德行为进行谴责,还是心理上认同诚信,行为上却选择明哲保身?这就考验人们对诚信坚守的程度了。诚信是一面镜子,照亮了社会的真善美,反映了一个人的良好品德。

"自不诚,则欺心而弃己,与人不诚,则丧德而增怨"[1]。诚信,既是自己与他人的一份契约,更是自己与良心的一个约定。

(黎晶晶)

---

[1] (宋)杨时:《河南程氏粹言·论学篇》。

别让关爱成为口号

今年5月15日，璧泉街道市政管理办公室女环卫工徐尚明，在区法院附近清扫巷道时发现，一名30多岁的女子站在店门口嗑瓜子，边剥还边将瓜子壳丢在人行道上。徐尚明上去劝阻，没想到女子火气很大，用鞋跟猛敲老徐的头部，徐尚明顿时头破血流，满面鲜血。这一事件经媒体报道后，引起广泛关注。

近年来，环卫工人被打的事件层出不穷，这一事件的背后，到底是法律的问题还是社会地位的不平等，是道德的沦丧还是人性的扭曲。环卫工人在正常的文明提示过程中被人打成重伤，每每看到这些事件的发生，人们自然会想到人的道德素质问题，这些打人者的嚣张行为令人发指，虽然执法部门已经明确表示将给予严惩，但行为上的过错可以惩治，给人造成的心灵上的创伤将久久不能治愈。环卫工人每天拿着微薄的工资，做劳苦的工作，而且经常被人们所忽视，遭受来自人们的恶劣态度，整个环卫工人的生存现状令人担忧。

在有些人心目中环卫工人生活在社会的最底层，且环卫工这个职业很容易被人无视，更有甚者觉得环卫工是个低贱的职业，没必要尊重他们，而对待环卫工人思想上的不平等，也就成为了环卫工人屡屡被打的根源。环卫工人看起来获得了许多"关爱"，却依然没有获得公平职业的对待，也没有得到切实关注。环卫工艰辛的生活依旧如此，再多的"关爱"也难以掩饰其身份地位的"尴尬"。

城市中到处都有社会主义核心价值观，富强、民主、文明、和谐、公正、自由、平等、法治、爱国、敬业、诚信、友善。这二十四个字包含了中华文化的精髓，但仅仅张贴在城市的角落并不能使中华文明传承下去，只有整个社会真正理解这二十四个字的蕴意，才能够避免此类事件的发生，环卫工人被打，从侧面也说明了整个社会的精神文化水平依旧没有达到一个理想的水平，只有提高每个公民的精神文化层次，才能尽量避免伤害他人。

别让关爱只是成为一句口号，必须采取切实的措施，才能真正改善环卫工人的社会地位和职业形象。第一，制定并完善相关的法律法规，以法律手段为依托，保护环卫工人的合法权益，使侵害事件发生时，究责有法可依。第二，适当地提升环卫工人的薪酬待遇，有利于撕下其"弱者"的标签，让戴"有色眼镜"观人者真正懂得尊重。第三，还要在全社会真正树立劳动光荣、劳动平等的价值理念，形成尊重劳动，敬重劳动者的良好社会道德氛围，让环卫工人在城市中不再感受到冰冷，和谐社会的构建才会更有希望。

（罗恒）

"鸡汤文"的佐料

网络上的"鸡汤"一词，源自于美国人杰克·坎菲尔德和马克·维克多·汉森创作的励志作品集《心灵鸡汤》，喻指"充满知识与感情的话语"。然而，过去散发过无数正能量的"鸡汤"，如今却在社交网络乱象中变了味儿，各类"箴言妙语"目不暇接，多种广告信息难辨真假。更令人意想不到的是，这些"鸡汤文"在诱发网友转发的背后，还暗藏着一条收益不菲的产业链条。

每天打开微信，总会发现朋友圈被各式各样的"鸡汤文"、"养生帖"刷屏。同时，诸如"惊呆了""不转不是中国人""转疯了""必转"等标题也让人不胜其烦。这些泛滥网络的文章大多由发布者拼凑而成，内容良莠不齐，真假难辨。

对于一些素养不高、信息辨识能力不强的消费者而言，朋友圈里的"心灵鸡汤"一不小心就变成了"毒鸡汤"。如今"横行"社交网络空间的"鸡汤文"大多分为两类，一类是"哲理型"文章，诸如《阅读5分钟，可能改变你一生！》《人生不得不学的20句箴言》等。一类是"科普型"文章，诸如《学会这些，可以长寿百岁》《太可怕！这种水果别这样吃》等。无论是"哲理型"还是"科普型"，它们大多拥有同样的特点，即随意复制未经核实的内容，且为了吸引眼球，往往还掺杂着各种猎奇、色情等内容，让网友反感的同时也造成网络空间的严重污染。更为严重的是，这些"鸡汤文"多内置营销广告，甚至暗藏骗局，比如市面上一款几十元的产品，在同品牌、同规格的情况下，朋友圈内可以卖到上千元，价格相差在10倍以上。

"朋友圈"里为何"鸡汤文"盛行？这不得不从社交网络背后盘根错节的"鸡汤产业链"说起。相对于报刊、电视及网站，以自媒体为主的社交网络渠道，缺乏专业广告审核机制，因此也就成为许多违规广告的"必争之地"。这些广告大多数集中在美容、减肥、保健等领域，内容鱼龙混杂，同时又蕴含着巨大的商业利益。而"鸡汤文"的传播链背后也包含了一种以"众包分发"为特点的"病毒式"利益链条。"转发分享文章就能赚钱，1分钟赚1元，躺着月入万元。"这样的广告语在网友的微信群、QQ群以及朋友圈里屡见不鲜。据媒体调查发现，这些广告多由鸡汤文第三方平台所发，为了诱导用户转发文章，转发者可以获得一次1到6分钱的收益。用户还可以招收下线，从而分享下线转发文章所得收益，构成了一种类似于传销的"病毒式"传播网络。而在这个过程中，一篇转发10万次以上的文章，内容分发平台约可获得3万元的灰色收入。

"扬汤止沸，不如去薪"。清理"鸡汤文"及"虚假信息"乱象，以监管整治网络空间的"污染源"至关重要。早在去年3月，微信平台就曾出手整治"鸡汤文"乱象，对于朋友圈里诱导分享的行为进行处罚，形式包括删文、限制账号功能或封禁账号等。然而，整顿措施虽然起到一定作用，但并未摧毁"鸡汤文"背后的利益链条。究其原因，主要是腾讯官方对"鸡汤文"的整顿以接受举报和提示风险为主，监管往往滞后且无力。

"鸡汤文"及"虚假广告"领域并非"监管真空"。去年9月1日，被称为史上最严的新《广告法》正式实施。国家工商总局广告监督管理司司长张国华明确指出，在微信上以盈利为目的违法广告发布者，将根据新《广告法》查处。同时，张国华也坦言，对于朋友圈和个人公众号上发布的广告，还无法通过工商系统抓取等功能主动监管，但可根据举报进行有针对性的调查。

网络管理部门、工商管理部门、公安部门等要承担起监管责任，建立技术监管体系和备案登记制度,从而让久被"鸡汤文"乱象污染的社交网络"洗洗澡"、"出出汗"、"消消毒",还网友一个干净整洁的网络空间。

(彭凯伦)

"两个服务"促医改

国务院医改办、国家卫计委、国家发改委、民政部等七部门6月7日联合发布《关于推进家庭医生签约服务的指导意见》。《意见》指出2016年,在200个公立医院综合改革试点城市开展家庭医生签约服务,鼓励其他有条件的地区积极开展试点。到2017年,家庭医生签约服务覆盖率达到30%以上,重点人群签约服务覆盖率达到60%以上。国家卫生计生委体改司政策研究处副处长秦坤介绍,到2020年,力争将签约服务扩大到全人群,形成与居民长期稳定的契约服务关系,基本实现家庭医生签约服务制度的全覆盖。

家庭医生签约服务,是借鉴外国先进经验的结果,是深思熟虑的结果,是现实的选择,具有现实基础,有利于促进医疗的改革。

第一,有利于缓解医疗资源供不应求的状况。我国人口众多,看病、就医的需求量大,随着我国老龄化速度的加剧,老年人看病的数量也随之增加。但是,国内医疗资源有限,医院专业人才数量不够等等都是现实所面临的供给不足问题。

第二,有利于缓解大医院永远人满为患的状况。许多人由于对社区卫生机构的服务质量的不信任,导致他们不管是大病还是小病都选择去大医院看病,就会出现小医院没人看病,大医院被挤得水泄不通。现在的分级诊断就有效解决了这一状况。

第三,有利于减少医疗资源的浪费。如果患者每次面对的都是陌生的医生,就会面临相对重复的问诊和医疗检查,这必将大幅浪费医疗资源。

第四，有利于对居民全过程的健康管理及提供公共卫生服务。通过家庭医生的首诊，然后转诊等规范的流程，使家庭医生和专科医生对患者的病情有一个连续的，全过程的监督，这为以预防为主的卫生工作方针得到真正的落实提供条件。

家庭医生服务模式，融洽了医患关系，合理利用了医疗资源，基本贯彻了预防为主的原则，大大满足了居民的健康需求。

尽管家庭医生能够应付大部分的社区卫生工作，但是总有能力不足或社区卫生服务中心硬件设施不齐全而导致无法诊治患者的情况。因此，社区卫生机构和上级医疗机构之间应该建立双向转诊协议关系，即提供双向转诊服务。

一方面，家庭医生应为符合双向转诊条件的患者开具转诊单，转向具有双向转诊协议关系的上级医疗机构且通过卫生信息平台共享患者的电子健康档案。

另一方面，上级医疗机构应将进入康复期的签约患者转至社区卫生服务中心，社区医疗机构的家庭医生应做好承接患者的准备工作，保证患者就诊服务的无缝隙连接。

家庭医生签约服务必须与双向转诊服务结合起来，使患者的健康得到更好的保障，这是医疗体制改革的又一大进步。

（王慧娟）

社会保险基金怎能简单互助

"人社部等相关部门正在借力第三方对社会保险基金的使用情况进行调研和测算,旨为盘活相关的存量资金,实现保险基金之间的互助。"一位参与相关方案调研的业内人士接受记者采访时表示,目前方案已成形,主要思路就是用住房公积金补充养老保险缺口。

众所周知,住房公积金和养老保险虽同属于社会保险基金,但二者存在的意义大不相同:前者是指国家机关、国有企业、城镇集体企业、外商投资企业、城镇私营企业及其他城镇企业、事业单位、民办非企业单位、社会团体及其在职职工缴存的长期住房储金;后者则是国家和社会根据一定的法律和法规,为解决劳动者在达到国家规定的解除劳动义务的劳动年龄界限,或因年老丧失劳动能力退出劳动岗位后的基本生活而建立的一种社会保险制度。那么本不相干的两种资金为何会联系到一起呢?

近日,人社部社会保险事业管理中心发布的《中国社会保险发展年度报告2015》显示,城镇职工与城乡居民两项养老保险累计结余近4万亿元,但职工养老保险抚养比已下降至"不到三个人养一个人"。根据报告不难看出,未来养老保险压力大甚至可能出现巨大窟窿,而住房公积金则还有很多结余,所以导致了这次新想法的出现。

表面上看来用盈余填补空缺似乎有些道理,但在我看来,这种做法就是俗称的"拆东墙补西墙"。因为养老保险的空缺被补上并不是因为总体上的钱多了,而是住房公积金的钱少了,长此以往必将继续出现一系列的问题。况且，目前住房公积金尚有结余也许是一种假象，很多人没有使用它不代表它是富裕的，而是还没有到用它的时候。很多人并没有购买房子，毕竟对于大多数工薪阶层而言，买房子时住房公积金的钱也是杯水车薪，甚至可能连首付都不够，而付不起首付意味着没有使用公积金的资格。

由此可见，如果真的采用了这次所谓的"新想法"，那么当百姓需要用住房公积金的时候，新的窟窿又会出现，到那时还有什么社会基金可以"互助"？对于社会保障基金来说，"拆东墙补西墙"显然是不可取的，只有继续完善制度，加大投入，使整体上的钱多了，才有可能解决问题，否则单纯基金间的互动只能带来更多隐藏问题。

（张雪琛）

"慢就业"：教育制度缺失的一种折射

随着大学陆续开学，一边是大一新生纷纷报到，另一边是应届毕业生即将步入工作岗位。当然，也有不少的年轻人找不到工作，选择待在家里陪伴父母，抑或选择与友人结伴出游。总之，在他们找到工作之前都会在家"整修"。在过去，不免会有人指责这是"游手好闲"，而如今社会为之定义了一个新名字：慢就业。

"慢就业"是这两年的网络红词，其"追随者"大都是"90后"，他们有的找不到满意的工作，在家"思考人生"；有的不知道想干吗，于是就说走就走去见世面；还有的家庭条件优越，不用去发愁找工作……社会对此褒贬不一，有人认为这是在荒废人生，还有人认为这是他们自己选择的道路，旁人不该过多指责。

根据以往的经验，大学生毕业往往会有两种选择，要么继续深造，要么走上工作岗位。时过境迁，许多东西到现在都已发生了改变，那么大学生毕业后的选择肯定也会有所变化。有人说，选择"慢就业"是一种"鸵鸟"心态，这一点着实让人有些看不懂。但如果说，大学毕业不去深造就必须去上班，不上班就会消磨意志，就是一种逃避，这似乎又有些牵强。

无论是即将毕业的大学生，还是正在等待工作的"慢工作"族，大多数人都有一种期待就是，如果不必被迫随随便便找个工作，那该多好。人生的第一份工作对我们其实很重要，甚至可能会影响到一个人未来在职场上的发展。在这种情况下，深思细琢后的选择往往更成熟，即便最后工作不顺心，自己也无怨无悔。

笔者并不赞同"慢就业"被理解为消极的词语。"慢"未必不好，而是应慢慢出水平，节奏可以慢，但心不能慢。比如说在云游四海，不必过分流连于窗外的景色，可以在享受轻松氛围的同时，用心领会和学习当地的人文历史，提高自身的人文素养，陶冶情操。

此外，越来越多的毕业生选择"慢就业"的原因，除了个性与观念以外，我们的教育机构也难辞其咎。许多高校毕业生刚刚走出象牙塔，忽然感到了人生充满了困惑，甚至不知道自己的目标是什么，还有人对工作好高骛远，这与我们的毕业生不自信有很大的原因。这又可以追溯到学校对于就业指导方面的效果问题。

通过中外教育制度对比，我们可以发现，国外更加注重学生的能力培养，而不是仅仅局限于书本上的内容。中式的教育往往注重的是对原理知识的"死记硬背"，创新方面的培养相对来说要少很多。中国的应试教育像是一座大山，压得学生喘不过气，于是让各种打着"提高成绩"幌子的培训机构钻了空子——变向商业化。不得不说现在的中国的教育已经变了味道，不再是千年前秦汉儒家、春风风人。

在笔者看来，"慢就业"并不可怕，俗话说得好，是金子总会发光。可怕的是，我们有很多金子，却在读书阶段已经被埋没。这就需要我们好好反省，我们是否给这些学生在今后的生活上提供了有用的指导，而不是盲目指责。

（骆雨彤）

他之殇：我们并非彼此的洪水猛兽

2016年4月12日，21岁的魏则西在病痛中，带着对部队医院的怨恨去世，我们惊呼莆田系游医竟已成为一颗毒瘤，谋财害命。时隔几星期，广东医生陈仲伟遇害，经全体医生动员抢救后不幸身亡，近几年接二连三的暴力伤医事件让人揪心。尖锐化的医患关系，医生恐惧医闹，患者害怕庸医，本应和谐的医患关系为何变成彼此的洪水猛兽？

患者之艰

带着对疾病的恐惧和对医生的寄托，患者最害怕撞上庸医，轻则多花了冤枉钱，重则可能危及自己的健康和生命。

每天各大医院人头攒动，患者和家属焦急地等待，可能从早上排队到中午都没轮到自己，好不容易把医生盼来，医生却是一副冷冰冰的态度和寡言少语的举措，可能一上午的等待换不来两分钟的看诊，令患者叹息。

尽管中国医疗保险制度在不断完善改进，但在一些恶疾难疾面前，高昂的医疗费用仍让患者家庭背上了沉重的经济包袱。由于政府对医疗机构的资金投入不足，很多医院选择"以药养医"的方式来维持日常的收入和运行，这种在市场经济中追求利益最大化的做法，使医疗机构丧失了其公益的性质，患者看病的负担越来越重。害怕生病、不敢生病，突如其来的一场大病可能让一个家庭多年的积蓄付之东流。

在疾病这个吸走金钱、精力、希望的黑洞面前，患者只能流泪。

武警北京市第二总队医院，这个看似有着正规医疗配置的公立三甲医院，明目张胆使用了未得到证实的医疗技术，榨干了魏则西和家人的所有积蓄和最后的希望。莆田系游医早年坑蒙拐骗的治疗所得，成为了入侵正规医院的资本，财大气粗的莆田资本，"野鸡医院"有了正规的营业牌照，开启了罪恶的大门。在经济利益最大化的追求下，欺骗患者，成为压垮医患关系的最后一根稻草，患者心寒。

医生之痛

有人会想，医护人员是白衣天使，还是那个害死魏则西的恶魔？天使和恶魔都不是医生的真面目，他们是人不是神。

也许大多数人不知道，选择成为医生就意味着一生的奉献和不辞辛苦的付出。5月21日有张令人心疼的照片曝光，江苏一位医生一天18台手术，间隙蜷缩手术室睡着。初夏微凉，席地而睡，争分夺秒，救死扶伤。医生这个职业的性质要求他们在面对大量的病人时，不能有任何差错，可想而知他们总是超负荷工作。因此，医生每天精神都长期处于高度紧张状态，承担着患者的身体健康和生命安全，还要随时准备应付医疗纠纷，甚至是"医闹"的威胁。

患者看到排队的长龙固然会烦躁不已，而医生看到这一幕也是欲哭无泪。当患者责怪医生看病不苟言笑时，殊不知他已经连续工作了好几个小时；当患者抱怨医生几分钟就把他打发了，却不知他一天可能要看五十个病人，忙得连上厕所的时间都没有。面对这一张长期加班、劳累的脸，换个角度想，如果他是我的亲人、朋友，我会心疼，甚至想劝他休息辞职。

在社会各阶层各种职业中，相比同样劳动强度下，医生的收入其实并不高。媒体曝光当下医生都靠"灰色收入"敛财，其实只是极少数。医生总被贴上了各种"标签"，用个别医生"收红包"、"小病大药方"的不良行为来否定绝大多数医生的仁心。如果社会公众一直不肯定医生的付出，整个医护人员的职业价值都会受到低估。

共同的敌人——疾病

网易新闻曾于陈仲伟医生遇害后报道一组图片新闻：医护人员学擒拿格斗防伤害。面对医患矛盾，不从制度找问题，而是学习防身武术，更有医院加强了安保措施，派遣贴身保镖，准备和病人大干一场，这是解决之道吗？如果医患之间冲突对抗的根本原因没有消除，那么，医生没有安全感的恐慌心理就不可能得到真实的改善。正如美国媒体"今日美国"关注中国患者杀医现象，并认为我国加强医院保安的举措没作用，必须对医疗体制进行彻底改革，否则解放军也难保医院安全。

魏则西之死拷问人性最大的恶，陈仲伟之殇鞭挞社会的丑陋。医生和患者，本该处在同一战壕，携手迎击共同的敌人——疾病。只有医生人身安全了，病患才有尊严可言。只有认真对待患者了，才不愧医者父母心的美誉。

而要从根本上解决医患矛盾，只有加速推进中国医疗体制改革，加大政府对医疗的投入、拓宽医疗保障的覆盖面，解决中国医疗资源分布不均、相对匮乏的问题，才能实现医患和谐。

（王怡馨）

大学生的迷茫——不安或是不满？

2016年有多少大学生就业你知道吗？最新消息得知，据不完全统计，2016年全国高校毕业生人数可能高达770万，再加上出国留学回来的约30万"海归"，以及之前没有找到工作的往届毕业生，预计全国将有1000万大学生同时竞争就业。尽管目前企业校招数据和热情度尚在统计中，但根据目前就业市场状况，可以有一些预判：互联网、游戏行业可能将成为招聘大户，金融、房地产保持平稳，贸易、服装、制造业存在招聘萎缩趋势。

面对越来越多的大学毕业生，面对越来越激烈的就业竞争，加上不断高涨的生活成本还有"拼爹"等的刺激，许多大学毕业生在现实面前再次选择用"大学无用论"来质疑"知识改变命运"。甚至有人用钱学森之问——"为什么我们的学校总是培养不出杰出人才"来证明四年的大学教育培养出来的是无用之人，还要将比尔·盖茨、乔布斯、韩寒等没有大学文凭的名人作为自己看法的经典"案例"。

事实到底是不是如此？我看未必这样。在大学中，许多同学都反映自己有这样的问题：不知道自己每天要做什么，而且做什么东西都提不起来干劲儿。在与身边同学交流中，我发现这是一个非常普遍的问题，为何大学生在大学中如此迷茫，其原因就是目标的丧失。在这个问题上，迷茫的大学生可以回忆自己在已经度过的学期中是不是有许多时间都不知所措，许多时间都在寝室躺在床上或者游荡在QQ、微信、微博等聊天软件上，又或者厮杀在电脑游戏中度过。一个学期过去才发现自己没有认真听过几节课，没有认真读过专业书或者拓展书，发现大学图书馆千万本图册跟自己毫无关系，突然发现自己什么也没有学到，什么也学不会。总是要以上课无趣、老师不关心自己、对专业不感兴趣、抱怨学校不好、专业不好等理由让自己堕落的理所应当。

这些都是迈入大学95%以上学生出现过的问题，对生活的迷茫，对未来的迷茫，在选择中的迷茫。刚入大学对未来的希望可以变成迷茫四年的失望，也可以变成毕业就业时的绝望。自己才是人生的决定者，而要摆脱迷茫关键在于自己有没有下定决心去改变现状，改变一定会使自己不安，不改变一定会使自己不满。不安自己改变的方向有没有错，不安自己有和别人不一样的目标会不会孤独，不安自己没有好好享受生活却自找折磨的痛苦。不满别人变得越来越优秀而自己越来越沉沦，丧失了改变的信心和勇气，更不满自己惶惶度日浪费青春，别人却忙忙碌碌，生活充实。于是两条线让大学培养出来了人才与人渣，事实就是塑造一个人很难，摧毁一个人却很容易。

大学生应该学会改变，学会改变自我，学会改变生活。在迷茫中应该找到自己的目标，不是说立刻，而是要在最短的时间去确立。首先要从自己的兴趣和专业出发，想想自己到底想成为什么样的人，想做什么样的工作，想要什么样的事业。考研？考公务员？创业？教师？还是其他什么。其次要利用网络和人才市场招聘信息等渠道充分了解自己定下的目标所需的专业技能和其他技能，确定自己大学要学到什么，要向哪些目标奔走。再次，制订自己的学习计划，分配学习的时间，让每个学期、每个月、每个星期甚至每天都有任务可做，不让自己停下来去想一些无关紧要的问题。最后就是要按照自己制定的学习目标脚踏实地学习并要利用一切可能利用的条件去实践。

说起来这些都好像很容易，但是一些人改变得彻彻底底，一些人在改变中又坚持不住选择放弃，在不安与不满中重新沉沦混日子。所以，在每年的大学毕业季那些游荡在社会中对就业迷茫的毕业生，还有社会中没有上过大学却小有成就的人应该看到的，是那些从高校走出来的优秀人才他们身上所具备的条件，应该思考他们是怎样在大学中培养出出众的素养，而不是抓住某一部分人来抨击我们的大学教育。

（杨振兴）

电信诈骗，谁为伥鬼？

"18岁准大学生被骗9900元 郁结于心离世"、"山东又一大学生疑遭电信诈骗后心脏骤停 不幸离世"、"大学生被骗5000元学费后身亡 警方初步判断轻生"……近段时间，网络上接连出现与"诈骗"、"大学生"、"猝死"相关的新闻报道，引起了轩然大波。

电信诈骗在当今的中国社会就像一颗毒瘤，网络上甚至流传这样的说法："没接到过电信诈骗电话，都不好意思说自己是中国人"。电信诈骗在中国如此猖獗，是否只有中国才存在这样严重的情况呢？很显然答案是否定的，电信诈骗始终是一个全球性问题。美国近两年来盛行的税务诈骗；在日本这个老龄化程度高的社会，针对老年人的"喂喂，是我"诈骗则更为流行；声称有来自国外的快递包裹需要支付费用则是新加坡当下最盛行的电话诈骗方式……根据反电信诈骗行业组织——通信欺诈管理协会（CFCA）统计，全球因电话诈骗遭受的损失达40亿美元。

获取被害人的个人信息是电信诈骗能够成功的基本条件。但在中国，个人信息甚至比官员财产更加公开更加透明，隐私只是一个理想化色彩浓厚的名词罢了。我们不敢相信这个事实，但又不得不承认这个事实，因为此时此刻，有些人可能刚刚接完一个骚扰电话，或者收到一条诈骗短信。我们不禁要问为什么，为什么房产公司知道我的电话号码，为什么保险公司知道我的车牌号码，为什么诈骗团伙知道我的身份证号码……很大的一个原因，是我们的个人信息被商品化，以几厘钱的价格卖给那些使用者，而这些使用者里面，诈骗团伙、推销公司、中介等各色人等无奇不有。另外，还有不法分子利用各大拥有大量完善个人信息资料的快递公司、门户网站等的数据库漏洞非法获取个人信息，以攫取利益。怎么来保证自己的个人信息不被泄露？理论上来说，只要在社会中生存，就不可能做到个人信息的完全保密。无论保密措施做得多么好，只要你有银行卡、有手机卡、在校学习、有工作或进行过任何需要提供个人信息的活动，你的个人信息安全就无法完全保证。因此，尽管保密措施是必要的，但想通过被害人自警自省保证自己的个人信息不被泄露，并解决电信诈骗层出不穷的问题，是不现实的。但一张张因为电信诈骗而失去颜色的鲜活笑脸时刻刺痛着我们，解决电信诈骗问题刻不容缓。

解决中国的电信诈骗问题，关键是要完善相关法制。实际上，有许多国外的经验供我们借鉴参考。日本在2007年通过了《假冒账户存入受害者救济法》保护诈骗的受害者，授权银行对可疑账户进行冻结，并对受害人的债务减记、受骗金额返回等做出规定。美国在1991年和2003年分别通过了《电话消费者保护法》和《控制非自愿色情和推销侵扰法》来打击电信诈骗。警方和通信运营商也在这方面做出了努力。在日本，警方与银行联动，对账户的异常交易进行监控，对ATM机单日及单次转账额度进行限制，禁止账户买卖，规定在柜台转账超过15万日元时必须出示身份证。澳大利亚电话局向民众开放申请免费的"电话号码保护"服务来拒绝所有市场营销人员来电，还设立了专门的报案网站。因此，我们可以以立法为主，辅之以行政、商业服务等手段，统筹协调运营商、服务商、工信、司法等部门在监管体系中的角色，分清责任归属，有效执行法律，打击电信诈骗，保护个人信息、财产乃至生命安全。

打击电信诈骗，揪出电信诈骗背后的伥鬼，阻止手握公民个人信息的公司、企业无故成为伥鬼，仍然任重而道远。

（沈崇希）

别让以生命为代价的
电信欺骗再次上演

  2016年8月19日，即将踏入大学的18岁女孩徐玉玉，接到一通电信诈骗电话，被骗走了上大学的费用9900元，得知被骗后，徐玉玉伤心欲绝，最终导致心脏骤停，虽经医院全力抢救，仍不幸于21日离世，让人不禁扼腕叹息。

  近些年来，随着网络通信方式的兴起，各种电信网络诈骗层出不穷。他们将目光放在涉世未深的大学生身上，导致一系列大学生被骗，不仅造成财产损失，更有甚者，造成生命的离去。我们看到了徐玉玉的悲剧，我们也看到了无数的悲剧正在以相同的方式上演，因此我们不得不对这种现象的出现进行反思。

  有些人在责备现在大学生的防患意识怎么会如此淡薄，一个和谐并安全的社会需要人们如此的去防患吗？尤其是对于刚步入社会的大学生，生活阅历本就不足，我们不能过于苛责。我们更应该思考的是为什么骗子会得知徐玉玉在办理助学金申请这样的信息？为什么骗子如此明目张胆利用电信诈骗？为什么大学生在经历挫折后心理承受如此脆弱？

  骗子之所以有徐玉玉的信息，是因为徐玉玉的个人信息遭到泄露。如果不是她的信息的泄露，骗子怎么能对她实行如此"高明"的、没有防患的欺骗？随着互联网应用的普及和人们对互联网的依赖，互联网的安全问题也日益凸显。恶意程序、各类钓鱼和欺诈继续保持高速增长，同时黑客攻击和大规模的个人信息泄露事件频发，与各种网络攻击大幅增长相伴的，是大量网民个人信息的泄露与财产损失的不断增加。徐玉玉事件不是个例，已经有很多人遭受到欺骗，只是因为这次欺骗造成了一个花季少女生命的失去的后果，才引发广大关注。打击信息的泄露，这就需要国家在维护信息安全上推行立法建设，在互联网方面加强信息管理与监督。

骗子利用电话如此明目张胆进行诈骗，是因为他们利用电信的改号软件通过改号来伪装身份，电信难以追踪到犯罪嫌疑人的真实信息。目前，电信只利用"改号"业务来赚取费用，并不管这项业务用在何处。这就需要电信加大管理，当然只依靠电信营业商的管理还难以得到有效控制，还需要公安部门等的有效配合。

除此之外，我们还必须看到大学生在遭受重创之后承压能力之低。徐玉玉在自己的学费被骗之后，伤心欲绝，导致心脏骤停，最后抢救无效离去。纵然我们了解到徐玉玉的家庭并不富裕，学费也是经过艰难凑出来的。在面对自己的学费被骗之时，一时觉得难以面对家人，和对骗子的愤恨，导致心情波动很大。但是我们也要看到，大学生的心理承受力确实很低，如何增强大学生的心理素质也是目前亟待解决的问题。学校在着重提高学生的学习成绩的同时，也要不断增强学生的心理健康。

电信诈骗确实可憎，不仅需要外界国家有关部门和电信运营商的合作配合，也需要大学生增强自我防范意识，增强心理承受力，不要让悲剧再次上演。

（李卓）

为什么我们开始逃离微博？

从乔任梁因不堪网络暴力自杀，到井柏然退出微博，所谓的明星、名人似乎开始纷纷撤离微博，微博从新兴的社会交流软件，如今却成为一些名人视为蛇蝎而避之不及的工具，到底是因为什么原因导致越来越多的人逃离微博？

最近，从王宝强、马蓉事件引起中国网民的狂欢，各种声音混杂交错，都纷纷圈占自己的领地并开始挤压其他声音，乔任梁事件发生后更是出现一批键盘侠，充当道德的审判官，作为社会批判的"先锋"，处处对他人进行抨击、指责，言辞犀利让人误认为事件与其休戚与共，可事实偏偏截然相反，最终形成公共舆论对少数人进行言论的压迫。虽然言论自由作为每个人的合法权利，但是这种权利有没有一定的边界呢？我们是否有权利干涉他人的言论自由的趣味自由呢？约翰·密尔在《论自由》中指出：每个人都有趣味追求的自由，可以选择自己想要的生活，只要不对他人造成伤害。同时他对多数人对少数人的暴政也表示极大的担忧。而在历史底蕴深厚的中国，道德和习俗的力量往往比法律强大得多，甚至可以成为绞杀人的机器，乔任梁的自杀就是血淋淋的例子。个人自由和公众舆论的冲突越来越多，好像我们的选择总被他人监视无法遵从内心，一些污言秽语萦绕耳旁让人心生厌恶。如果我们放任公众舆论对个人的压迫，那么充满个性的观点便不敢发声，我们便只求无过而不求进步，这个社会便成为整齐划一的"商品"，这个民族也绝无前途可言。当微博从彰显个性的交流媒介沦落为媒体、公众舆论的统治工具,从思想交汇变为意见压迫,那么未来将会有更多的人逃离微博,网络暴力使得微博不再纯粹,其发展颓势也将愈加明显。

事实上,我们总是站在自己的角度去对别人的生活指手画脚,以为自己拥有上帝之眼可以洞察世间一切真相,结果却往往造成了对他人的伤害。从心理学角度来看,我们总以为自己是对的,总是强加自己的想法到别人的身上,这源于"动机性推理",也就是说我们会希望潜意识的观点可以获胜并且不自觉地维护他们,同时便往往"一叶障目"不能客观分析全局事态,在群体中寻求认同感后得到加强,观点的独立和群体的匿名性使得情绪激化、使得从观点的交流变为无意义的争吵,多数派开始对少数派进行言论的压制,网络暴力应运而生。因此,我们所能够做的便是保持一颗谦卑、宽容的心,这个世界上每个人都和你一样有追求自我的权利和自由,我们应理性看待观点冲突,总是以学习的态度面对这个世界,不要轻易对他人进行道德审判,那么争吵将会越来越少,个性将会愈加发展,社会才会和谐进步。

(马浩男)

女教师患癌遭开除，情与法皆不容

近期引发强烈关注的兰州交通大学博文学院开除患癌女教师刘伶利事件，有了最新进展：兰州交通大学博文学院院长陈玲等人8月23日下午两点多来到了患癌去世女教师刘伶利的家中，向刘伶利的父母道歉。随后，校方与刘伶利老师家属对补偿问题具体商谈，兰州患癌女教师获赔50万元，双方达成和解，并现场签署了《和解协议书》。

这件事情虽然告一段落，但是"女教师患癌遭开除"的余波尚未平息。

在校方行为被披露之后，引起了网民的强烈声讨与批评，指责用人单位"无情无义"的跟帖或评论数量巨大。在一个年轻女教师最需要帮助的时候，学校不仅开除了她，而且切断了医保，这对于生活并不富裕的刘家可谓是晴天霹雳，同时也是压倒刘伶俐的最后一根救命稻草。

在劳动关系的处理上，法律首先应被尊重。解除劳动合同，其实是劳资双方共有的权益。根据劳动合同法的规定，劳动者患病按规定，医疗期满不能从事原工作也不能从事由用人单位另行安排工作的，用人单位有权解除劳动合同。毕竟，不是所有的用人单位都有财力对所有病患完全兜底，保障企业合法的用人自主权，才能维护一个公平竞争的人才市场。

但是在本案中，法律所支持的解除劳动合同的条件并不具备，因为有足够的证据证明，刘伶利是请假而非旷工，因此法院的一审和二审判决结果都是兰州交通大学博文学院败诉，双方恢复劳动关系，算是在法理上对刘伶利的有力支持。

事已至此，似乎无话可说，但是在该事件中，校方的所作所为着实令人遗憾。

首先，应该尊重老师。学校应该维护本校老师的利益，对老师们多一些关爱，努力帮助员工解决困扰，为员工创造更好的工作条件，让他们对学校产生一种归属感，在学校找到家的感觉，从而在学校形成示范作用。而不是像丢包袱一样直接解除劳动关系，借此逃避。

其次，应该以人为本。校方不能只从学校的利益出发，应该做到以人为本，最重要的是以人的生命为本。学校应该建立保障机制，确保老师在生病的情况下能够得到学校最大程度的关爱。校领导应做到以人为本，是否做到了以人为本是衡量一个领导是否称职的重要指标。领导要做到尊重人、理解人、关心人，站在以人为本的高度切实保障每一位老师的权利。

最后，应该规范管理。只是因为老师身患癌症就解除劳动关系，不管是在法律上，还是在情理上都是无法被员工、被社会所认同的。为此，要进一步规范管理，完善相关制度，在法律和情理的基础上，给劳资争议以足够的说理空间，于企业，于员工，于社会都是有利的事情。

（苏德玉）

只许州官放火，不许百姓点灯

新学年即将到来，常州工学院即将启用位于常州市新北区辽河路的新校区。乔迁本是件开心的事情，然而，最近一条全新的管理规定却在学生们中间炸开了锅。该条例规定：新校区禁止学生使用自行车和电动车。然而这一条例虽然禁止学生骑车，却允许老师在校区内开车。校方以"绿色环保"、"锻炼身体"、"师生一视同仁"作解释，但这种"一视同仁"备受质疑。不少学生表示，这是"只许州官放火，不许百姓点灯"。校方的这种行为着实让人看不懂。

新校区是应该有新变化，但这种透着浓浓特权味道的管理规定却令人反感，并且这种规定不张贴在外面，而是通过班级的微信群来传播该消息，实则透露着管理者一种"我的地盘我做主"的想法。在如今的法治社会，校方居然做出这么不合理的规定，实在是不应该，打着为同学多锻炼身体为由，实则为教师开辟"特权通道"，这种行为严重伤害了同学平等出行的权利。

学校此举立即在学生中引起了不小的争议，一名学生在网上发帖质疑："我想说同在一个学校只禁止学生骑车却允许老师开车，敢问公平何在？开车是很绿色环保么？骑自行车是一个绿色环保的出行方式，国家'十三五'规划所鼓励的，学校却在反对，提及安全问题，是为了让老师们的车更安全么吗？"随着学生爆料和媒体质询，常州工学院只得硬着头皮作出回应：新校区的"可开车禁骑车"，是想从根本上解决车辆停放混乱无序，车辆偷盗、遗失案件频发，部分车辆在校内车速过快造成交通事故等学校治安诸多隐患，并认为，新校区建筑密度较大，道路并不十分宽敞，也不具备非机动车在校内骑行的条件。但这种种牵强理由，却绕不过一个"逻辑硬伤"：骑车不具备条件，开车倒能条件充足？

换个角度来说，允许教师开车上下班，校区内禁止学生骑车，实际上是校方为方便管理而想出的方法，这种措施本质上是校方惰政的表现，并不可取，有因噎废食之嫌。如果是刚刚入住的新校区就出现这些问题的话，是不是校方的管理智慧和治理能力有待加强呢？在没有提供相应服务如开通校园巴士、开通公共自行车的前提下，这种直接禁止的措施必然会引起学生群体的强烈反对。退一步说，即使校园面积不大，建筑密集，不具备开放学生骑行的条件，校方也应该提供一个补救的方案。不少学生之所以强烈反对，就是因为自己才买不久的自行车或电动车将会因为"禁骑令"不得不低价作为废品被回收，这实质是一种对学生利益的侵害。

强权懒政的管理思维不可取，作为高校的管理者，在制定管理措施的过程中更应该懂得科学决策和民主管理，而不是一则禁令强制禁止。这种"只许州官放火，不许百姓点灯"的管理措施需要摒除。如果真的为了校园安全和谐、学生能够强身健体，更应该在提供相应服务的基础上来解决问题。

（罗恒）

网络直播需要套上"缰绳"

8月3日,中国互联网络信息中心发布《中国互联网络发展状况统计报告》,报告显示,截至2016年6月,网络直播用户规模达到3.25亿,占网民总体的45.8%,其中真人聊天秀直播占网络直播比例达19.2%。网络直播飞速发展也催生了大量"网红",但因内容低俗、涉黄甚至涉嫌违法也让网络直播广受诟病。

2016年,可谓是风生水起的网络直播商业化的起步之年。网络直播革新了许多人的娱乐方式,把网络上的围观变成了生活消遣的一部分。

网络直播的流行,最大的推动力是自媒体的发展。在过去的传媒过程中,只有专业的主播才能在大型网络平台上进行直播,普通人只能作为观众。但是随着自媒体的崛起,各个视频网站为广大网民提供了一个很低的门槛,只要在手机上下载一个直播软件,人人都可以成为主播,播出自己想要播的内容。

不得不承认,这是一种时代的进步和大众传媒发展的趋势,目前来看,大部分的直播内容是游戏直播、生活直播、作秀直播。其中的问题在于,如今的直播中创意性的直播内容还是很少,反而不和谐的直播内容太多。一些以出名走红为目的的主播,甚至播出不雅、低俗的内容或者妄议时政、说些反动言论来博人眼球,这些现象的症结何在,应该如何引导其健康发展是当下急需解决的问题。

网络直播之所以迅速发展,其原因在于:

一、进入主播行业门槛低，目前成为主播相当容易，只要有直播软件通过实名制审核就可以成为一名主播，播放自己想要拍摄的内容。

二、实时性的信息传导，通过现代信息技术连通现场让观众获得的现场信息极具真实感，特别是一些重大事件现场更具有吸引力，比如前段时间的城管直播执法或者一些事故现场的直播。

三、主播平台的盈利模式，直播行业播主的收入主要靠观众带来的人气和观众送出的礼物来赚取，排名越靠前收入越高，所以播主往往通过播放出格、出位甚至低俗的内容来吸引眼球，积累人气。

四、直播内容打擦边球，监管难度大，直播平台对主播素质和播放内容很难把控，虽然一部分人违规直播后受到平台惩罚，但是其直播内容已然造成了不良影响，而且许多主播为博出位，时常口出秽言，以迎合某些低素质的网络受众。对此平台监管往往无可奈何。

五、网络直播丰富了交往方式，观众可以在真人直播上与播主互动聊天，一屏之隔的面对面聊天更是比聊天软件刺激、有意思。

对于直播的网络监管更是难以操作，问题在于许多播主没有进行过专业的训练，实时性的直播内容总是比监管惩戒先前一步，即使禁播了，之前的内容已然在社会上造成了不良的影响。所以除了在播主实名制上一定要有更加严厉的惩罚措施配套施行，形成主播行业行规；在信息技术上还要更进一步，对其语言文字内容和画面内容进行智能监控，一旦出现违规内容立即查封；主播内容若造成的社会影响范围大，平台可以申请走法律程序；所以在主播平台在商业化运作上一定要规范发展，营造和谐健康的网络直播环境。

人人皆可直播的乌托邦形态只不过是其发展的起步阶段，能满足人们的一时之快，却造成直播信息的泛滥和粗劣，网络直播决不能成为脱缰的野马，而是需要套上"缰绳"来把控方向。直播最终要走向专业化、精致化的方向，从商业泛品转向真正的精神与文化产品。

(杨振兴)

对"地域攻击"说"不"

里约奥运会刚刚过去不久，在北京时间 8 月 21 日上午，中国女排力克塞尔维亚女排，时隔 12 年再次站上奥运最高领奖台，正当全国人民都为女排姑娘高兴喝彩之时，颁奖台上的排球女将却被身后"两汉三国"、"真美汉中"大型横幅抢了镜头。据汉中市体育局官方通告，拉横幅者名叫李强，为汉中市球迷协会会长、汉中某房地产公司董事长，此次是自费前往里约观赛。通告称，对李强先生自掏腰包宣传家乡、宣传祖国，为中国奥运健儿加油的热情和行为表示赞赏和感谢。同时希望李强及其他汉中籍观众严格遵守本届奥运会组委会规定，文明观赛，适度表达个人情感。

此次事件发生之后，网络上评议纷纷，对于李强此举，赞同者有之，批评者有之，理解者亦不缺少……种种言论，不一而足。但是，抛却事件本身不谈，且不去讨论李强此举到底是否文明、是否违法、是否错误，网友们对此的评论中却出现了很多对汉中地区和汉中人民的语言攻击，诸如"汉中人都是垃圾"、"汉中真恶心，以后打死都不去"、"感谢我不是汉中人"等。这些评论极尽对汉中地区及汉中人民的指责、谩骂、嘲讽，不由得让我想到了"地域攻击"这个词。

地域攻击，本意是指不同区域的人或者少数素质差的人，以语言或肢体为手段相互攻击的行为。在现今这个网络时代下，地域攻击主要指在网络新闻跟帖中不同区域的人以语言攻击为手段相互攻击的行为，就像本次李强事件的新闻跟帖中对汉中地区的谩骂和嘲讽。

在网络时代下，地域攻击现象愈演愈烈，所谓地域攻击是由狭隘的区域保护主义发展而来的，放大后有可能会成为民族攻击、国家攻击。但地域攻击没有上升到民族等大团体利益的高度，而是仅仅停留在一种"地区的自我优越感"上的一种"蔑视其他地区"行为。所以地域攻击并不代表那个地区的绝大多数的观点，更不能等同于民族间、国家间的利益冲突。地域攻击往往是少数人或个人的恶意行为。如今在中国，这种地域攻击并不少见，对河南、山西等地区的语言攻击从不缺少。在我看来，这种地域攻击属于一种"贴标签"的行为，很大程度上是因为地区经济文化差异引起的，当然，也有部分"一粒老鼠屎坏了一锅粥"的事情。

地域攻击的情况存在已久，但在网络时代下，地域攻击愈演愈烈，更加清晰地呈现在人们眼前，地域攻击在网络新闻跟帖中体现得尤为明显。网络新闻跟帖中的地域攻击现象有两个特点。一是新闻跟帖观点极端化。以互联网为载体的网络新闻跟帖具有去中心化、主体隐匿性等特点，所以跟帖观点容易极端化，这是地域攻击的一大特点。二是新闻跟帖内容"失范"。在中国社会现代化进程中，经济迅速发展，传统的价值观、道德观和社会规范遭到削弱甚至瓦解，社会心理出现无序现象，网络新闻跟帖的"失范"可以说是网络发展中的必然，表现为对新闻中组织、个人和其他网民的恶意语言攻击和地域攻击。此次李强事件后网友们对汉中地区的语言攻击明显体现出这两个特点。

地域攻击的形成原因复杂多样，其造成的影响极为恶劣，在如今建设社会主义和谐社会的大背景下，更是不利于和谐社会的构建，我们必须对"地域攻击"说"不"。有效防止地域攻击的产生，我认为应从三个方面来进行。一是各地区政府要树立正面的地域形象。二是网络新闻媒体要加强技术自律和道德自律，做好把关工作。三是广大网民要提高自身媒介素养，这是最重要的一环，若是每个网民都能做到"和而不同，求同存异"，都能对"地域攻击"说"不"，我相信，地域攻击必会越来越少，直至消弭。

（陈汉琪）

过度信息化带来理性的异化

今年的重大事件除了里约奥运会以外，就是正在召开的 G20 了，但是在网民心里这些都不是事，在他们心里最重要的是我们的"宝宝"——王宝强离婚了。这个消息一出现立刻就成为了重磅消息，铺天盖地的信息就涌现出了，网民们在阅读信息时一边感慨一边愤懑。那么现在就出现了一个问题，我们都知道信息具有不对称性，这些消息的真伪程度如何，我们该信到什么程度呢？显然网民们是不考虑这些的。在我看来，过度信息化带来的不一定是腾飞的发展，反而是人们理性的异化。

王宝强离婚案为何会受到热炒？从法律上说王宝强离婚只不过是中国众多离婚案的一个普通案件，为什么要引起这么久的热议，为什么大家不放过一对普通夫妻，非要扒出马蓉和宋喆的关系，让一顶大大的绿帽子坐实在王宝强的头上？从深层次上说，这充分显示了理性弱化后的病状，因为王宝强是一个草根明星，代表了中国相当大的一部分人的愿望——通过自己的努力，拥有了身份和地位，再娶一个美丽的老婆，那人生就圆满了。可是现在王宝强的老婆竟然和自己经纪人在一起了，不仅女人背叛自己，连自己的兄弟都背叛自己了，那人生的奋斗还有什么意义啊！在从王宝强事件中，相当大的一部分人失望了，再加上大多媒体为了迎合群众，发放大量未经查实的信息，于是理性也逐渐丧失。

面对过度的信息，理性异化导致道德意识弱化。人们站在道德的制高点上，自以为自己是言语的掌握者，是真相的传播者，对于无数的信息只知道传播，不知道分辨，所谓的流言止于智者只是一句空话。所以说过度的信息不是错，但大多数人的不辨，导致本来我们应该控制机器，反而被机器控制的尴尬境地才是我们所应该关注的。理性异化的直接表现就是工具理性和价值理性的失衡，其中最明显的就是道德意识的弱化。王宝强离婚事件表面上是人们出于道德和人伦观而发出的愤慨，实质上却是理性异化的表现。不论王宝强的身份是什么，本质上他还是个人，有自己的礼义廉耻和自尊心，本来是自己的家事，却不得不因为道德的绑架，上升为全民性的事件。

理性异化导致的道德意识的弱化，不仅是在网络这种虚拟的环境中，在现实生活中更是比比皆是。我们如何成为信息传播的智者，这是一个急需解决的问题，面对大量的信息，如何让它们为我们所用，而不是让它们控制住我们的思想，影响我们的行为就显得十分有必要了。狗咬人的新闻是常见，但是追求人咬狗的新奇有意思吗？过量信息导致的理性异化值得每个人深思！

（凡萌玮）

桃李虽艳，下成泥淖

今日，著名相声演员郭德纲与其昔日爱徒曹云金之间的"骂战"闹得沸沸扬扬，这边郭德纲毫不客气斥责曹云金"欺天灭祖"，那边曹云金又写七千字长文细数曾经恩恩怨怨。颇有些"你方唱罢我登台"的味道，公众舆论反转不定，被这师徒俩弄得晕头转向。

都说相声讲究薪火相传，德云社现在如此红火、人才辈出，郭德纲的名师作用可见一斑。然而，正应了那句老话：可共患难不可同享福。当初德云社惨淡经营之时，师徒能够上下一心，如今功成名就之时却落得个师徒分道扬镳的下场。德云社这片桃园是越发娇艳动人，然而往下一看，却是满地的淤泥污秽。

以利相交，利尽则散。既然有了利益冲突，倒不如各奔前程，这不就是大部分人的原则吗？为了显得自己有些修养，所以吃相就不能太难看，好这一张面子，撕破脸不雅观。什么品德情操，就是些粉饰面容的东西吧？我们饶有兴致地看着这师徒俩撕破脸的丑态，恨不得端出个小板凳买块西瓜，比看相声还更有趣。我们心满意足地消费着一个又一个的社会热点，总以为某些光鲜亮丽的明星、身价百万的富豪品质多么恶劣，其实我们自身又何尝不处于这片泥潭之中呢？我们像看笑话一样看待圈内人士，殊不知我们自己也进了一个圈子，只是都是圈内人，保留了一层面纱不以真面目示人罢了。

处理利益纠纷，应有底线。有利益的地方就有冲突，这是毫无疑问的，说好听一点叫竞争，这并不一定是坏事。只是，凡事都不能太过，要有一条底线在，如果人们都对这条底线有一点敬畏之心，那么这社会的脸就还在。但我们大部分人都不认同有这底线的存在时，那这社会就可以说是不要脸了。社会不要脸有什么坏处呢？其实问题也不大，连脸都不要了，那问题就不再是问题了。

社会的底线在哪？其实就在大众的心里，法律永远也触及不到人心，古时最厉害的法律不过也只能管老百姓说什么。"人心不古，世风日下"这句话古人说了上千年，其实古时的人心我们怎么能揣测呢？过去好坏暂且不论，这首先就说明了古人认为现在是有问题的，而人们显然对以后又不抱期望，那么"致君尧舜上，再使风俗淳。"就成了精神寄托了。古时是这样，现在又如何呢，我们能够说以后就一定会更好么？

道德这个词现在是越发不敢说了，有道是高处不胜寒，其实想掩饰什么我们都心知肚明了。从德云社这件事中，公众关注的是到底谁不是东西，你要是拿出越多证据证明你师傅（徒弟）不是东西，那么我就站在哪个一边，这听起来的确蛮客观的。大家都知之，大家都在乎，袖手旁观者，你我是也。

有个成语叫桃李不言，下自成蹊，现在看来不言是万万行不通了，大家都争先七嘴八舌，下面的情况又如何呢，反而越发污浊了。

（刘放）

我们需要真相，更需要符合事实的真相

在《鲁豫有约》的一期节目中，鲁豫到万达集团采访王健林，面对一个中国首富，聊着聊着就不免聊到王健林是怎样成为中国首富的。在节目中，王健林回答说："很多年轻人，有自己目标，比如想做首富是对的，但是最好先定一个小目标，比方说我先挣它一个亿。你看看能用几年挣到一个亿。你是规划五年还是三年。到了以后，下一个目标，再奔10亿，100亿。"

其中，"最好先定一个小目标"，"比方说我先挣它一个亿"这两句话被单独截图出来，传播到网络和各种社交空间里，仿佛是在平静的水面扔下一块巨大的炸弹，涟漪层层推开，很多人都没看过这一期节目，但是凭着两张截图，这件事情很快就演绎出了各种版本。许多网友纷纷表示首富对年轻人设定目标的看法实在是太不切合实际了，动辄就是一亿，对于现在大部分的年轻人来说，基本没有实现的可能。甚至也有很多人借此发挥，认为王健林赚到的一亿就与普通大众是不一样的一亿，他赚到一亿是一件极其轻松、没有丝毫挑战的事情。更有甚者认为这是在炫富，是王健林作为中国首富站在财富的制高点上，对年轻人提出的不切实际的建议。

那么请问，这就是事情的真相吗？事实上，在该期节目中，王健林这句话主要是针对有些学生提出要当首富、办世界上最大的公司的想法来说的，是从自己的角度提出的建议，结合上下语境来看，反而

是在劝诫那些年轻的创业者们要脚踏实地，认真做事。

在一定程度上，当代中国的首富炫富，这也许正是你我乐于接受的事实真相，是我们希望得到的符合我们内心想法的真相。或许对于在这片土地上时常出现的那些不公正的事情，人们早有很多捕风捉影的想法，但这到底只是他们自己的猜测。不具备任何证据的却又像是潮水一样汹涌地打过来，冲击着人们的内心世界，有时候甚至会导致一场网络上无休止的骂战。殊不知在群情汹汹的情况下，所谓"真相"往往失去了真正的客观性，人们永远只愿意接受他们想要的真相，来佐证他们想证实的事情和说明的道理。在这种时候，激烈的情绪带动了他们对真相的追问，但情绪也带偏了对事实的理解。

记得曾经看过一本书，书名就叫《偏见疾走，正见缓行》，当时还不甚了解这书名意思，现在想来，这便是偏见疾走，正见缓行。不过也该上正道了，哪怕崎岖漫长。

（张亚华）

沟通是解决问题的桥梁

前段时间，有新闻媒体报道，青岛胶州一中高三考生常升，志愿被偷偷篡改，导致其上不了大学。后经了解，得知是其同窗兼挚友——郭某所为。7月25日，常升一家报警处理。8月3日，警方官方微博发布消息称立即受理并展开调查取证。8月12日，胶州市检察院依法对郭某作出批准逮捕决定。

郭父面对记者采访，流下了悔恨的眼泪，他承认，长期忙于事业，对孩子缺乏教育，在整个高考上给予他太大的压力。一个家庭至此背上骂名，在往后的生活中更是要经历着痛苦的精神折磨。

郭某为什么会这样做？长期的压力与缺乏沟通是造成郭某心理畸形的直接原因，从而导致了事情的发生，这点是不容置疑的。现实社会中又有多少学生正经历着同样的遭遇呢？

沟通是营造家长与孩子和谐关系的桥梁，聆听是良好沟通的开始，积极的沟通体现对孩子的尊重。值得注意的是，郭某在得知事情败露后，并没有直接将事情告诉郭父，而是转借他人之口。父子之间究竟有多少的隔阂，我们不得而知。父亲严厉的态度让这个饱受压力折磨的人越发的把自己的心关闭起来。加上经历了这件事的打击，郭某正经受着地狱般的折磨。此时此刻，郭父应坚持这样的态度：越坏的消息应该用越多的力气沟通它。

列夫·托尔斯泰说过："与人交谈一次，往往比多年闭门劳作更能启发心智。"沟通是解决矛盾的桥梁。每一对父母都有望子成龙、望女成凤的愿望，他们希望孩子在将来的竞争中立于不败之地。因此他们不辞辛劳地工作，给予孩子更多的物质资源。可是他们忽略孩子的感受，忽略孩子还有精神上的需求。与其盲目给予，不如与孩子做一次推心置腹的谈话。

每个人都知道，聆听对沟通来说是重要的。每一个与孩子沟通较少的家长都不是一个好的聆听者。因为他没有听到孩子内心深处的渴望，甚至是不会去听。从我自身的经历来讲，每当与父母意见不一致时，我很希望他们能听一下我的想法，而不是一个"垄断者"。作为一个合格的家长，他首先是一个好的听众，多鼓励孩子说说他们自己。聆听孩子的心声是沟通的前提。安德鲁·格罗夫曾说："我们沟通得很好，并非决定于我们对事情述说得很好，而是决定于我们被了解得有多好。"

沟通体现的是一种尊重，是一种孩子的行为在家长心中被肯定的表现。处于成长期的孩子急需父母的肯定，有助于帮助孩子建立自信。沟通也是一种尊重，体现家长与孩子之间的平等对话权。父母高高在上，只会让孩子心生畏惧。这反倒不利于孩子身心的发展。

值得庆幸的是越来越多父母注意到孩子的心理健康发展，慢慢给予孩子更多的心灵关怀。我们坚信孩子未来的家庭教育会越来越好，父母与孩子之间沟通会越来越多。

（赵杰）

弘女排精神，谱全新乐章

尼采说，每一个不曾起舞的日子都是对生命的辜负。2016年8月21日，里约奥运会女排决赛，中国女排姑娘们在赛场上挥洒汗水，用自己的方式"翩翩起舞"，在先失一局的情况下连扳三局，以3-1逆转塞尔维亚女排，为中国代表团拿到里约奥运会第26枚金牌。这是中国女排时隔12年再次获得奥运冠军，也是她们第三次获得奥运会金牌。她们完美诠释了如何不辜负自己的生命，勇敢起舞，谱出一首新时代的精神乐章。

在这特殊的一天，无数中国人在祖国大陆上观看女排决赛直播。人们在运动员得分时欢欣雀跃，失利时也加油打气。比赛激动人心，所有人屏住呼吸，生怕错过镜头前的每一个精彩画面。女排夺冠后，人们纷纷通过社交媒体来传递这份自豪与喜悦。瞬时间，微信朋友圈都已被女排姑娘们的精彩表现刷屏。这是令人振奋的一幕，也是中国女排第四次杀进奥运会女排决赛。此前他们曾在1984年洛杉矶，2004年雅典奥运会上两夺金牌，并在1996年亚特兰大拿到银牌。女排晋级路，这一路走来披荆斩棘，从苦战连连到逆天改命，冷暖自知，背后付出了多少艰辛与汗水。赛后，中国女排全队特别激动，主教练郎平含泪拥抱亲吻自己的爱将。郎平总结说："咬着牙一分一分地顶，反正得你死我活地杀出一条血路来，今天大家顶得特别棒。"此次里约奥运之后，"女排精神"再次被提起，并产生了巨大影响。

20世纪80年代，"女排精神"首次出现。当时的中国处在改革开放初期，百废待兴，正是中国女排在奥运会上夺冠的精彩表现，鼓舞了当时中国的士气，国民自信心大大加强。中国人的民族自尊心与自豪感在女排一次次奋力扣球中逐渐被唤醒。女排精神可以说在当时那个特殊的时期起到了推动时代发展的作用。即使是 21 世纪这个全新的时代，女排精神仍然没有显得过时或者落伍，其强有力的精神引导作用仍然在发挥。女排精神可以说是随着时代的发展而同步发展，其基本内涵不会改变。女排精神之所以备受推崇，最重要的是那种足以流芳百世的不畏强敌、奋力拼搏的精神，不管在任何时期，女排精神都不会过时。

女排精神的精神内容主要有四点：无私奉献、团结协作、艰苦创业、自强不息。可以说，女排精神不再只是属于运动领域的标杆，它已经随着时代发展成为一种民族精神。

李白诗云："长风破浪会有时，直挂云帆济沧海。"在女排那段灰暗的日子里，女排的发展经历了许多的挫折，但同样也是因为经历了这些挫折，为现在的成功积累了经验。信念的力量是无穷尽的。女排坚定他们的信念，终于获得了里约奥运的冠军。人生也正是如此，人的一生总会经历那么些伤痛与折磨，有时候支撑我们坚持下去的，正是心中执念的精神。当代中国处在重要的转型期，有时候国人会感到迷茫与不知所措，在这个时候，女排精神犹如黑夜中的一颗闪耀的明星，带给人们豁然开朗的希望。我们要学习女排精神，不气馁、不抛弃、不放弃，谱出一首首新时期充满新气象的中国发展新乐章。

（苏婉真）

用"当官之法"杜绝"老虎、苍蝇"

9月10日晚,中纪委监察部网站发布消息,天津市委代理书记、市长黄兴国涉嫌严重违纪,目前正接受组织调查。令人不可思议的是,黄兴国从政以来多次公开表明自己的廉洁自律,其廉政之举多次被报道,更为可笑的是他在接受调查的前一天还在强调党风廉政建设和反腐败工作。这样一个"廉政"之官如今在反腐中落马,有力地证明了从严治党只有进行时,没有完成时。但反过来想想,现在反腐倡廉之风如此之盛,为何"大老虎"仍层出不穷?古人云,物必先腐,而后虫生。

内心自律的失守,外在诱惑才能乘虚而入。为此领导干部必须先加强自律意识,提升自身修养。南宋《官箴》中提到:"当官之法,惟有三事,曰清、曰慎、曰勤。"

清,即清廉,公正廉洁,两袖清风。如今很多人都把当官作为获取无限私利的捷径,殊不知为官、经商两条道。为官治政之要在于安民,安民之道在于察其疾苦,而不在于谋一己私利。因此,领导干部要牢固树立正确的世界观、人生观、价值观、权力观,要以"蝼蚁之穴,溃堤千里"的忧心对待自己的一思一念;以"如履薄冰,如临深渊"的谨慎之心对待自己的一言一行;以"夙夜在公,寝食不安"的公仆之心对待自己的一职一责,始终保持共产党人的蓬勃朝气,昂扬锐气,浩然正气,做到"临大利而不易其义"。

慎,即慎重,周密考虑,谨言慎行。领导干部要对一切腐蚀诱惑保持高度警惕，做到慎独、慎初、慎微。慎独就是要在监督缺位，领导不在场，没有众目睽睽的眼睛，只是个人面对自我时，仍能自觉用法律、制度、道德准则来规范、约束自己的言行，做到台上台下一个样。慎微即要认真重视和正确处置细小的事情，就是要乐小善，避小恶，防止贪欲萌生。慎初，就是把住第一次，守住第一关。"一"是万物之始。记得一位哲人说过：面对物欲横流等诸多诱惑，要想不做悔不当初的事情，就必须把"何必当初"改为"何不慎初"。

勤，即勤勉，勤奋好学，刻苦上进，事必躬亲，务求精细。俗话说，一勤天下无难事。领导干部作为党和国家路线、方针、政策的决策者、执行者，作为党和政府联系广大人民群众的桥梁，更是要勤于学、勤于做。正如荀子所道："学者非必为仕，而仕者必如学。"对于领导干部来说，学习不仅是自己的事情，而是关乎党和国家事业发展的大事情。只有不断学习，才能在工作中打开新局面、掌握主动权。但只有学习还不够，还需深入基层，加强实践。所谓"物有甘苦，尝之者识；道有夷险，履之者知。"只有在多层面的实践环境中经历过风吹雨打，才能做到"脚上有泥，心中有数"。

领导干部"知此三者，可以保禄位，可以远耻辱，可以得上之知，可以得下之援。"

（张青）

正视大学生"约炮"背后的性道德滑坡

武汉大学大四学生王敏学与多名女性发生"一夜情",如一石激起千层浪,引发网络空间一片沸沸扬扬。引发关注的焦点不仅是涉事主人公是名校学生、武大经管学院前学生会主席、成绩骄人且保送研究生,还缘于其"约炮"人数达三百余人之多,据传甚至与14岁未成年人发生性关系。其性道德之沦丧,性观念之糜烂,令人咋舌。

王敏学"约炮"事件,缘于其前女友的愤怒曝光,在网络空间中属于被曝光的少数事件,但绝不是个例。随着网络沟通方式的便捷、思想的自由化倾向、性观念的剧烈变化,性道德滑坡已经成为一个社会问题。不仅是"约炮"、"一夜情"屡屡见诸网络,原配打"小三"、教授变身"叫兽"、官员开房等现象也屡见不鲜。当"性解放"演变成性放纵,性自由变成性糜烂,当社会中的滥情与纵欲不绝于耳,我们不禁扼腕:时代在前进,我们的性道德怎么滑坡了?

性道德滑坡缘于性教育和性科普的缺失。对于大部分中国人来说,对于"性"的了解总是从偷偷摸摸的无师自通开始,老师家长对于"性"讳莫如深,遮遮掩掩。学校难得开设的"生理卫生课"也是欲说还休,顾左右而言他。在这种性教育的环境下,民众难以对性有正确的观念和认知,性教育极度缺乏,几乎一片空白。当"王敏学们"空白的性观念,遇上各种复杂的诸如"西化"、"享乐主义"的错误思想,极易"跑偏",误入歧途。当性无知被网络的各种堕落淫靡思想抢占，旺盛的荷尔蒙如同魑魅魍魉，肆意作祟，演出一幕幕不受世俗伦理限制，道德失范、滥情滥性的丑剧。

性道德滑坡是社会心态浮躁、扭曲的衍生品。正如网络上的流行语所言："这是最好的时代，也是最坏的时代"。市场经济的勃兴使人们鼓起了钱袋子，但也带来功利主义的泛滥，享乐主义的走红，价值观念的扭曲。不得不承认，我们的社会上有一部分人是极度浮躁的，这种浮躁表现在物质上是拜金，表现在性问题上就是性道德的滑坡。为了速食爱情，有的人选择"一夜情"，为了穷尽肉欲，有的人想到网络"约炮"。性之爱，已不再是爱情的瓜熟蒂落、责任的相伴相许，俨然成为了浮躁社会下部分人寻求感官刺激、排解内心孤寂、叛逆社会伦理的工具。即使饮下性道德失范的鸩酒，也遮不住狂热的欲望之眼、息不了躁动的贪婪之心。

时代在前进，思想在激荡，但性道德不能走向滑坡。守住道德的底线，就是坚守人类文明的最后一公里。我们急需加强学校与家庭缺失的性教育，急需引导和化解不良社会心态。愿"王敏学们"少些吧，因为"私德"总会汇聚成"公德"，我们应努力还"性"以原有的清白。

（倪圣茗）

给自己上一道法律的锁

俗话说：人生不如意十之八九，当且行且珍惜。生活中我们难免遇到一些磕磕绊绊，也许放下恩怨可以让我们活得更好，更开心。因为当你笑对生活的时候，你会发现整个世界都在向你绽放。

现在年轻人的心理素质令人担忧。先是数起中小学生因为学习压力而选择自杀，匆匆地结束自己年轻的生命和宝贵的青春；再有几个大学里的优秀学生相继毒杀室友同学；还有就是不满社会现象的愤青们用自己的生命来宣泄内心的不满。

试想一下，当你一觉醒来发现自己身边的人全部被人屠杀殆尽的时候，你是有什么样的感想呢？今年九月，云南曲靖的一个小村子里就发生这样的一件事。全村19个人被夺去生命，这不是恐怖分子的恐怖活动，也不是仇人的蓄意杀害，仅仅只是因为村里内部的一个小矛盾。我们不禁自问，到底是怎样的一个人才能对那些跟自己朝夕相处的父老乡亲下得了狠手呢？

人的一生不可能都是一帆风顺的，磕磕绊绊免不了，应保持一颗感恩与包容的心。孔子常说，人不知而不愠，不亦君子乎。所以面对别人的不解与嘲笑，他总能让它消散在笑谈中。我们现在所处的社会是一个法治的社会，不能动不动就率性而为，要采取合法的手段来维护自己的权益。如果每个人都有必要的法律素养，那么社会上就不会有那么多的打架斗殴；如果我们在注重知识的同时也注重法律意识的修养，那么优秀大学生们就不会利用科学作为武器去践踏法律的底线；

如果我们了解法律，我们就不可能被困在社会的枷锁里无法出来，就没有必要为了宣泄对世界的不满而放弃了自己的生命。

负重方能远行，给自己一道法律的枷锁，让自己不要因为一时的愤怒或者激动而做出令自己后悔一生的事。法律，它是一个紧箍咒，也是一位守护神；无规矩不成方圆，中国千百年来经历过多少的波折，唯有法常伴其身。我们尊重法，但同时我们也应该学会利用它克制自己。

诸如杨培清的反面例子有很多，他因为与家人的争吵而伤人，又因为害怕被别人发现而伤害到邻里。同时也有人因为与室友发生口角而举刀相向，因为被人看到而牵扯到别人。如果他们都能在自己身上加一道法律的锁，牢固法律意识，那么这些事情我想还是完全可以避免的。

给自己上一道法律的锁，既是挽救了别人，也是解救了自己；希望后人们能够哀之、鉴之。

（韦红伟）

我们拿什么交税？

近日，实习结束的批量返校学生陆续遭遇被征收"劳务报酬个人所得税"，这困扰着他们。该税制规定的800元起征点，远低于工薪个税3500元的起征点。本来实习生就是廉价劳动力，本就不高的报酬还要交20%的税。（10月12日　央广网）

实习是大学生培养过程中的重要环节。当下，就业压力不断增大，为了增加个人的含金量，实习已经成为在校生的必修课。通过实习，学生可以尽早熟悉工作环境，习得一些劳动技能，并获得一定报酬，这样的制度设计对于学生、学校、企业乃至社会都是共赢。虽然实习增加了学生求职的筹码，但实习的过程却远不像看上去那样美好。待遇低、常打杂，实习生俨然成为廉价劳动力。而这有限的报酬里还包含高额的劳务报酬税，成为实习生心中抹不去的痛。

大学生对实习收入的高额劳务报酬税难以承受。对于多数实习生来说，这可能是他们人生中第一笔收入，定会格外在意。而实习生刚刚步入社会，正是需要钱的时候，然而越需要钱起征点越低，这样就形成了恶性循环。努力工作换来的劳动报酬就这样被分走一杯羹，而且不管在薪酬还是在税收上都与正常工作人员区别对待，这群天真朴实的实习生难免心生抱怨。

实际上，类似实习生、小时工等非全日制的灵活就业人员，都存在税费较高的问题。而且，劳务税800元的起征点和20%的税率沿用至今，已36年未改。从目前的税收制度来看，税收鼓励的是主流就业，不鼓励灵活就业。但这显然不符合国家鼓励灵活就业的政策，可以见得，税收制度的改革明显滞后于现实需求。

中国社会正处于深刻变革和经济转型时期，税法改革滞后也是情有可原，但滞后良久就不正常了，比如征收劳务报酬税，一些人的利益就会受到损失。既然鼓励灵活就业，不能只有政策支持，税收也得跟上。所以，要建立正当渠道反馈信息，促进税法改革。平等征税才能鼓励劳动力，劳务报酬税的起征点和税率也要根据时代发展随之修改。这样，实习生等灵活就业人员的劳动报酬才会受到公平对待，劳务报酬税也不会再次成为实习生心中不能忘却的痛。

（刘思远）

中医没有错，西医亦无罪

——从徐婷之死看中西医之争

2016年9月7日，26岁的女演员徐婷因患癌症在北京去世。据悉，徐婷生前曾拒绝接受化疗，选择采用刮痧、针灸、放血、拔罐等中医疗法，且中医让她吃素。后来其妹妹发文称她最终还是接受了西医化疗，并直言："曾经被那么多骗子给骗到现在才做的化疗。"徐婷去世后，其生前治疗方式引发了新一轮"中西医大战"。中西医之争，在互联网上一直都是热门话题，每当遇到涉嫌中医草菅人命，总会有无数"键盘侠"揭竿而起，掀起一场集体讨伐中医的热潮，俨然一种"非处之而后快"的气概！

体现中华传统文化源远流长、博大精深的中医，在个案中饱受质疑。徐婷去世后，有网友在网上发文极力抨击中医："中医是信仰，不是医学，以阴阳五行学说为根基的中医，与科学没有关系，所有宣称能治病的中医是骗子，不是医生……给有治疗希望的人开展中医药治疗，要么谋财，要么害命，要么二者兼而有之。"棒棒医生在其文《徐婷之死》中也是充斥着对中医的批评："今天看到她的手，我还以为是中医刮痧之类奇葩疗法导致的""我真的不懂，为什么现代中医那么那么那么的心狠手辣？中医把淋巴肿瘤病人当成了需要消除疲劳的菲尔普斯""这不是淤毒，是中医之手刮破了皮下毛细血管，是人造损伤的出血，除了雪上加霜，这不会有任何治疗作用！还有扎针灸，每天，不错是每天，刺破十个手指头放血、愚昧的放血疗法被现代医学彻底否定已经一个世纪了，中医还在害人啊！""中医用半年时间消灭了病人的抵抗力"……

诸如此类对中医口诛笔伐的事例数不胜数，但是中医真的是造成徐婷之死的罪魁祸首吗？中医真的如上述所言百害而无一利吗？这时，又有网友站出来为中医鸣不平了："徐婷是在停止中医接受化疗之后才病情恶化，导致致命感染""徐婷得的是 T 淋巴母细胞淋巴瘤，治愈的几率本就微乎其微，就算完全接受西医治疗也不一定能存活，或许接受更加痛苦的化疗反而加速对其生命的摧残"……

中医本身没有错。逝者已逝，现在再来争夺中医、西医孰优孰劣都已于事无补。在笔者看来，徐婷之死，中医没有错——首先，徐婷患的癌症本是极凶险的，这是无法改变的客观因素，谁也无法保证中医治不好，西医就一定可以；其次，这是患者自愿的选择，徐婷在 7 月 9 日发微博说"我想放弃继续诊断选择中医治疗……讲真，我并不能确定中医能否治好我的病，但我知道化疗极其痛苦而且有可能反而会死得更快……"由此可以看出，网上一些朋友指责中医误人，剥夺患者选择的权利之说是不成立的，很明显，患者其实心里跟明镜儿似的；最后，徐婷所接受的一些所谓"中医疗法"（如刮痧、拔罐等），尤其是在她身体如此虚弱的情况下，的确吊诡，因为真正的三甲医院是不会这样治疗的，吃素可能导致营养不良，放血或许引发更大组织损伤、免疫力下降，这种情况下再去化疗，肯定不行。由此看来，要了徐婷命的未必是中医，至少不是有真正职业操守和敬业专业的中医，而更像是打着"中医"幌子的骗子。既然如此，先前那些极力抨击中医的说法也就没有真正攻击对象了。

再看西医蒙受的指责也是有点莫名其妙的——徐婷在接受西医化疗时身体已经非常虚弱，说正常人都不能轻易忍受的化疗摧残了娇弱的生命倒确实让其有种哑巴吃黄连——有苦说不出的味道。

综上，导致徐婷这朵美丽的鲜花迅速凋谢的原因是多方面的，有客观的艰难性，也有主观的随意性，不能单方面一味归咎于中医或西医,"中西医孰优孰劣"的争论或许一开始就打错了靶子,是不存在的也没必要的讨论。中医没有错,西医亦无罪。逝去的生命无法挽回,生者能做的不是再来追究责任,而是如何防止悲剧再生,真正救死扶伤的中医是没错,但中医薄弱的研究基础和临床试验的缺乏以及松懈的规范下无处不在的打着中医旗号敛财的骗子等却是不争的事实。如何完善现行医疗制度、规范医患关系,这才是迫在眉睫需要解决的问题吧!

(董梦婷)

真实，让新闻更有力量

前些天，一则"辽宁最美野长城被水泥抹平"的新闻被国内媒体疯狂报道。新闻称，辽宁最壮美的小河口长城，竟然被当地文物局打着维修的旗号用砂浆抹平，变得丑陋无比。但随之而来的，是一周之内真相的一波三折，峰回路转。

辽宁小河口的野长城究竟是不是人为的破坏、抹平呢？先是网友爆料、媒体质疑：辽宁"最美野长城"被抹平毁容，称当地文物局以维修之名、用砂浆抹成了一条细细的"水泥路"；之后，更多的媒体和网友闻风而动，专门为此发表自己的看法，多为批评和抨击之词；国家文物局立即成立调查组，随后有专家出面解释，这不是"抹平"，而是"抢救性保护"，所用材料"三七灰土"数年后便可自动风化；媒体还是不服气，用翔实的继续调查，以证明"水泥"并非莫须有……9月27日下午，国家文物局给出定论：小河口长城涉及抹平有三标段，存在洽商过程不规范，记录不完整，未按照规定报批等问题，且确有使用少量水泥。在此过程中，人们越来越关注事件的"戏剧性"而不是背后的是非对错，这种状况令人痛心。文物局及时公布调查结果将公众焦点重新拉回了正轨，但我们的反思不能止步于此。

反观媒体的相关报道，其中有多处错误信息。几乎所有媒体的转载报道中，都有涉及两张图片，即野长城修复前与修复后的图片。然而《人民日报》在9月25日发表文章称，通过实地调查与采访后，发现两张图片所呈现的并非同一段长城。此外《人民日报》还进一步调查了这一段长城，披露了其在维修前即将分崩离析的惨状。比如，辽宁省文物保护专家组成员井晓光就表示："如果任其原样自然风化，这段长城或许连今年夏天葫芦岛那场大雨都躲不过。"辽宁省文化厅副厅长、文物局局长丁辉谈到，小河口长城的这段修缮，的确是两年前按照方案进行的，目的是抢修保护。

如果这段长城连本体都留不住，何谈保护文化遗产？皮之不存，毛将焉附。所以，在《人民日报》的报道中，调查员傅清远才会表示：这是救命工程，"修得好"和"修得美"是两个概念。

从最终调查结果来看，这段野长城的修缮确有应该指责的地方，比如最后破坏了长城应该具有的风貌。但是，国内各大媒体在没有调查清楚的情况下，就对这一文物修缮工作横加指责，一味顺应甚至说是煽动网络上由他们误导而引起的愤怒情绪，最终一次次地被打脸，这一事实更让人痛心。新闻的第一要义是真实，如果新闻不能保持其真实性，那便成为了谣言。新闻媒体应该是传递真实信息、监督社会各方的阵地，当某些媒体连基本的调查核实工作都懒得去做就敢大放厥词的时候，新闻便失去了它本来的价值。更令人不安的是，某些新闻媒体并不反思，他们对报道出来的错误新闻不加以更正，又或者说，他们的目的不在于真相，而在于炒作以挣取销量和点击量。

造谣动动嘴，辟谣跑断腿。只有让新闻建立在真实的基础上，才能让新闻有力量。

（柯永慧）

我们，欠他们一个头条

2016年里约奥运会于8月21日圆满结束。中国代表团在经历了各种事件和考验之后，取得了金牌数第三、总奖牌数第二的好成绩。而紧接着，则是残奥会的到来。

当地时间9月5日上午，中国体育代表团在里约残奥村举行升旗仪式。在代表团团长、中国残联主席张海迪的带领下，300多名运动员、教练员及工作人员参加了升旗仪式。本届残奥会，中国代表团有308名运动员参加17个大项328个小项的比赛，是我国参加境外举行的残奥会运动员人数最多、参赛项目最多、代表团规模最大的一届。

在本届残奥会上，中国代表团的成员们全力以赴，最终获得了107枚金牌、81枚银牌、51枚铜牌，蝉联金牌榜和奖牌榜首位。并且，这也是中国代表团连续第四次占据残奥会金牌榜和奖牌榜第一的位置。但令人遗憾的是，这些残疾运动员的精彩比赛和优秀成绩却没有受到广大民众的关注。

残奥会的受关注度与奥运会形成巨大反差。在奥运会举办期间，网上的热搜几乎每天都围着奥运会转。网友们不时地发表感想，诸如对夺冠的喜悦、"黑幕"的不满之类。在女排夺冠的时候，亿万国人都为之欢呼呐喊。然而对比残奥会，不要说网友的关注度不高，媒体的相关报道也并不多。反差如此之大，其背后的原因我们不得而知。

残奥会不仅带给我们同样的精彩，还有更多的感动。这些残疾运动员虽然在身体机能上比不上正常运动员，但是他们的体育精神和奥运精神比起那些四肢健全的运动员丝毫不少，在本届残奥会上同样为我们带来了许多感动和奇迹。失去一条腿的中国选手钟志强要向世界证明"单腿支撑照样可以飞翔"。摄影师正好捕捉到了他起跳的瞬间，扔掉拐杖，双手张开，单脚支撑，站得笔直，然后腾飞。虽然最终与领奖台擦肩而过，但是他坚毅的背影已经留在了人们心中。

在男子 50 米蛙泳 SB2 级决赛中，中国选手黄文攀、李庭申、黄超文包揽了冠亚季军，此外，黄文攀还创造了新的世界纪录。当三面国旗在奥运赛场上同时冉冉升起时，那种油然而生的民族自豪感和自信心在每一名炎黄子孙的内心激荡着。这种感动和骄傲，与奥运会上为我们带来的感受有何不同！

这群可爱的人，没有人知道他们为比赛准备了多久，每天的训练量有多大。在这背后支撑着他们坚持下来的，应该也就是他们那想为国争光的一份份赤子之心吧！比起奥运会的运动员，他们更不易，但是却得不到我们的关注，这是否对他们不公平呢？我们，欠他们一个头条！

（刘欣雨）

勿让网络暴力逼死下一个乔任梁

9月16日,演员、歌手乔任梁在上海意外死亡,经过调查,死因为抑郁症自杀。此事件一出,震惊大众,各种舆论消息层出不穷,引起广大网友的热议。9月17日,乔任梁经纪公司发表声明:"过去的几年,他一直受失眠困扰,但一向乐观开朗的他,在朋友家人的陪伴下一直在积极工作、生活。去年在繁重的工作中,遇上外界种种对他不实的报道和中伤的话语后,他患上了抑郁症。"

乔任梁身为一个公众人物,所承受的舆论压力大大高于普通人。在明星的光环下,他遭受着网络暴力对他的伤害。网络上常有一些对其具有强烈攻击性、煽动性和侮辱性的言论,外界对他造成的伤害导致了抑郁症的出现。乔任梁自杀的消息一出,人们纷纷对其感到惋惜。他参演正在热播的偶像剧《我们的十年》媒体报道称:"我们的十年还在上演,他却孤独的离开"。有不少明星在微博上表达了对乔任梁突然离去的悲伤与惋惜。与此同时,乔任梁的好朋友陈乔恩和赵丽颖却因为未及时发微博评论乔任梁自杀的事件,霎时间遭受到部分舆论的疯狂谴责,乃至出现了"你怎么不替他去死"这样的言论。随后不久,明星井柏然因此次事件关闭了个人微博。乔任梁因为网络暴力而死,而他的好友却还要继续承受这所谓的网络暴力。这不得不让人感到匪夷所思,什么时候友情的分量需要用一条微博来衡量?一条微博又能代表什么?微博不是生活的全部,人们表达情绪的方法有许多种,而且在遭受友人的突然离去之后,谁又会有心情打开微博来发表一条无实质意义的消息？

　　随着科学技术水平的不断提高，信息化发展迅速，人人都可以利用键盘在网络上发表自己的观点与看法，这给人们带来了极大的便利；另外，网络的虚拟性与杀伤性在大大增加。有不少失去理性以及缺少必要素养的人，在不同网络平台上大放厥词，发表一些侮辱性的言论，造成不良影响，渐渐地也就形成了一股巨大的足以摧毁人心的力量。网络暴力虽不是明显的肢体暴力，但网络上的刀光剑影足以将人伤得体无完肤。

　　网络暴力不仅仅是网络暴民的"狂欢"，也有媒体在背后对其推波助澜。网络媒体在其商业化的运作中，为了在市场竞争中抢占先机，故意自编自演相关事件或是放任网络暴行蔓延。为了追求点击率、博得众人的眼球，网络媒体一向着力于策划议题，越有争议性越有"创意"。他们惯用吸引眼球的大图片、惊心动魄的大标题，以及夸张的细节故事，来对新闻事件进行炒作。在乔任梁死后，仍然有不少媒体宣称其死因是 SM 过度而死亡，甚至扒出乔任梁生前亲朋好友的资料以及发布一些不实消息来哗众取宠，博得热点。不得不说，这些所谓的媒体为了利益已经丧失理智，已经落井下石到丧心病狂的地步了。

　　网民们拥有自由表达的权利，但也要担当起维护网络文明与健康的责任。每一条评论，每一条转发，都要有自己的思考。善待他人，保持理性，提高自身修养，避免网络暴力所导致的悲剧再次发生。

（苏婉真）

基础教育应着重"填谷"

日前,《人民日报》刊载了题为《我们要有世界一流中学》的评论文章,并从多方面论证了为什么要建设世界一流中学:大学教育不是空中楼阁,中学是大学的基础,大学要世界一流,中学也应世界一流;基础教育从来都身处国际较量之中;发挥教育家办学的优势成为影响中国教育发展的时代命题;人们对中国基础教育改进的期盼大;"大鱼前导,小鱼尾随"可以成为中学教育方阵发展态势的描摹。

不可否认,"世界一流中学"的建设对于进一步促进教育事业发展、增强我国的国际竞争力、满足人民需求、改革创新教育体制有一定的积极作用,但它的实行也确实产生了许多不能忽视的问题,其中的重要一点是,它隆升了基础教育的高峰,相当于加深了基础教育的低谷,违背了基础教育公平的原则。

提升中国基础教育整体水平,最重要的不是建设重点学校。语文出版社王旭明先生曾说:"当下推进教育公平就要鲜明地提出,取消重点校,限制其发展,让公平的阳光真正普照到每个孩子。"不同于高等教育,基础教育是在义务教育的范畴之中,而普及义务教育的目的是保障适龄儿童、少年接受教育的权利,提高全民族素质,它的起始形态应像平原一样,后来再随着教育水平的提高,缓慢隆升为"高原",绝非高等教育那样把"培养高级专门人才"作为目标,让国家的科研水平这座高峰屹立于世界之巅。基于两种教育的本质区别,基础教育不应盲目模仿高等教育的"985工程"去力争建设为"世界一流"。发展基础教育应是立足整体、统筹全局的事业，如果再侧重于"重点高中"建设，会加剧教育的不公平。至于基础教育在"国际较量"中的位置，并不是建设几所"一流中学"就可以决定的，而是要放眼整个国家的基础教育水平，以全国中学生的整体素质作为主要衡量标准。所以要使基础教育在国际较量中占据优势，大可不必着重于世界一流高中的建设，而是先集中注意力于把低谷填平，把基础教育整体水平搞上去。

基础教育的发展，在资金、资源分配过程中必须坚持公平性原则。近来，教育部发布了《进一步做好全面改善贫困地区义务教育薄弱学校基本办学条件有关工作的通知》，强调不得将资金、资源向少数优质学校集中，不得打造"豪华校"、"重点校"。这已不是教育部第一次出台类似的文件。这也反映了教育公平是大势所趋，是政府和社会都急切期许并为之努力践行的。"建设世界一流中学"的主要手段之一是凝聚教育资源，这就进一步造成了基础教育在资金、资源投入上的不公平，拉大了基础教育质量的差距。尤其是"发挥教育家办学的优势"的举措，已经不同于民国时张伯苓举办南开中学和朱自清、朱光潜、丰子恺等人的春晖中学。民国教育家开班的中学，都是在民族危难之时，国家急需救国救民的栋梁之材，但又国力衰微，基础教育还未起步，不能在全国范围内普及，教育家便为国效力，发挥了他们的作用。而在当下的社会，公平问题已经成为了基础教育的主要矛盾，"教育家办学"集中于名校，无疑会使本就分布不均的教育资源分配更加不合理、不公平。

"大鱼前导，小鱼尾随"的发展态势，构想是好的。然而实际中，恐怕在国家这片大海中，分散各处的千百万条小鱼由于起步晚、基础差，会与那几条享受国家福利的膘肥体壮的大鱼越拉越远，要跟上大鱼，需要的时间会更加漫长。

人民群众对基础教育改进的期盼，是期盼一个更高质量更加公平的教育，为孩子们的安全健康、成才成长担起责任。我们需要的是一块孩子们能平等地共享教育资源的平坦的乐土！所以，"世界一流中学"建设不应摆在突出位置，基础教育应着重"填谷"！

（高雨欣）

莫让"洪荒之利"消磨掉"洪荒之力"

  2016年国际游联短池世界杯北京站日前已在北京水立方落下帷幕，"洪荒少女"傅园慧被曝因过度参加商业活动而荒废训练，在此次比赛中输得一败涂地。她报名3项比赛，两项未进决赛，仅获50米自由泳第七名。该消息顿时在网络上引起哗然。人们调侃道：难道洪荒之力真的被用完了？

  近年来，运动员因过度参加商业活动而荒废训练的事情屡见不鲜，甚至一些很有实力的金牌运动员也曾因为过多出现在商业活动和娱乐节目中而饱受争议和质疑，很多人为他们今后的训练和比赛成绩表示担忧。究竟又是什么原因导致这些情况的发生？

  一些新闻媒体为追求舆论效果，对运动员体育之外的因素进行过度炒作。当某位运动员获得赛场上的成就时，媒体在关注体育赛绩本身的同时，又花大篇幅去炒作无关紧要的东西，例如颜值、身材、表情等。从而不经意地迎合了目前网络上逗闹搞笑、看颜追星的风潮，使众多网友路转粉，间接扩大了其在非体育领域上的影响力和知名度，使其成为大众"娱乐"明星。而当这些"明星"或"网红"运动员赛绩出现了明显下滑时，媒体又以评价一个专业运动员的标准去衡量他们，前后的评价体系和关注点发生了很大转变，然后再经过一份看似客观的新闻报道的发布，很容易让这些运动员沦为众人批判和冷眼的对象。

社会的浮躁风气和商业的自发性很大程度地渗透到运动员的训练之中。毋庸置疑，很多体育赛事都是靠商业出资开展进行的。但部分商家把目标投到运动员身上，通过各种商业代言，并捆绑一系列商业活动，甚至于过分榨取他们身上的"光环效应"和商业价值。另外，运动员们的自身抗诱惑力以及相关部门对于运动员的管理体制都还处于一个需进一步提升和完善的阶段。

面对滚滚而来的"洪荒之利"和浮躁风气，不光是运动健儿们需要谨慎待之，对我们大多数网名和粉丝也提出了理性的要求。因此，我们要客观科学合理地评价每一位运动员，既不以金牌论英雄，也不能将他们神化或完美化。同时，更要求我们具有人文道德关怀，作为代表着国家出征的运动员，他们需要的是信任和赞许的目光，而不是喧嚣的炒作；他们需要的是安静的训练环境，而不是在商业利益中的挣扎。最重要的是，要加快完善体育事业在运动员方面的管理体制机制。有关部门要找好利益平衡点，在适当挖掘运动员身上的商业价值的同时，更要做好统筹兼顾，保证其正常训练和生活不受影响和干扰。这是一个被金钱塑造起来的时代，也是一个被金钱逐渐消磨掉的时代。唯有守住边界，才能不让"洪荒之利"慢慢消解掉这份难能的"洪荒之力"。

（莫鸿程）

捍卫公德，你我之责

近日，一则海口公共自行车屡遭破坏的新闻见诸报端，引发我们的深思。其实，在我们的新闻中，似乎从未缺乏公民有伤公德的报道：雄伟磅礴的万里长城上，每一块砖瓦都承载着历史的沧桑，却被刻画上游客"某某到此一游"的斑斑痕迹；巍峨壮丽的山峰，原本是天公造物的鬼斧神工，竟然被某些"壮士"喷绘得面目全非；甚至在异国他乡，我们部分同胞的不文明举止也常常引人侧目，出现了专门的中文文明提示牌。种种现象不禁引发我们的思考：绵延五千年文明的礼仪之邦的中华儿女，为什么屡屡出现公民道德素质缺失的情况？

部分公民道德素质缺失现象的出现源于部分人自私自利的心态。无论是破坏公共秩序，还是窃取公共资源，其本质上都是一种贪欲，一种损公肥私的利己主义行为。窃据公共资源，自己不劳而获，何乐而不为？当公共空间中的监督较弱时，部分人自私的一面很容易被无限放大，产生损害公民道德素质的行为。江山留遗迹，我辈复登临，大好的河山被刻字、喷涂姓名背后，是对公共自然资源的一种霸道占有，他希望给大美景点打上自己的烙印，"人过留名，雁过留声"，这难道不是一种对公共资源的贪婪占有吗？

部分公民道德素质缺失现象的出现源于一种集体性的失语与冷漠。我们看到，在面临公共资源被毁坏、公共环境被破坏的时候，很多公民似乎视而不见。大家都知道公共设施是大家的，是整个社会公民的，但正因为是大家的，才不是我个人的，破坏了、损失了，又没损失到我头上，与我何干呢？面对公民道德缺失的行为，很多人选择了集体性的失语与冷漠，"任凭乱扔乱打，我自岿然不动"。集体的冷漠与失语，使得人们违反公德的行为被无视，很少有人去指摘、监督那些破坏公共资源的行为，公共道德领域的负面行为很容易被姑息纵容，甚至被助长。

别让个人的贪婪与自私拉低了整个社会的公民道德素质，别让集体的冷漠与失语成为"卑鄙者的通行证"，捍卫公德，与你我并不遥远，我们不能听之任之，不能视而不见。我们需要独善其身，更要敢于发声，对于违背公德的行为应该勇于"亮剑"，用自己的珍视和自觉的监督撑起公共道德的一片晴空，还社会以公序良俗。

（倪圣茗）

在享受福利的同时，请把义务也带走

　　近日，市民刘先生向南国都市报反映称，海口一辆公共自行车不知被谁恶意丢弃在河道里。经调查显示，有可能是不法分子偷盗后丢到桥下。为此，记者对于海口公共自行车的现状进行走访调查，发现海口的公共自行车遭受破坏的现象频繁发生。明明是方便市民出行的交通工具，却屡遭破坏，这在一定程度上反映了公民的道德素质缺失。是不是在有了方便的同时，有的人也在不经意间丢失了公德？

　　公共自行车损坏现象的频繁发生，是社会公共道德缺失的一个缩影。有的人在政府提供的公共服务中收获了方便，但有的人却罔顾法律道德约束，肆意的破坏、捣乱。市民在享受福利的同时却不想履行义务。对于这些问题我们要做些什么呢？

　　首先，要加强公民的道德素质建设。政府提供公共服务是正确的，群众享受公共服务带来的方便也是无可厚非的，但是我们使用方便的时候，能不能不要丢掉我们的公德呢？就拿公共自行车做个例子把。据调查，海口市投入5000辆公共自行车，每天使用率高达2000多次，且主要集中在上下班高峰期。公共自行车服务的提供在一定程度上缓解了海口的交通压力，便于市民出行方便，不需要为堵车花费不必要的时间。然而，这样的方便不但没能让人保护好自行车，却让有的人在心理认为"这又不是我家的，我凭什么要好好地保护它"。这都是人们很常见的心理。对于自己的事物是珍之如宝，对于公共事务只想享受着福利，抛弃需要承担的义务。因此，加强公民的道德素质迫在眉捷，公民必须在享受自己的福利同时，承担起自己应尽的义务。积极主动地承担起保护自行车的责任，也有利于我们享受更长久的福利。

其次，运营公司要联合市民加强对公共自行车的巡查。海口市公共自行车运营公司海南洋嘉文化传媒有限公司提供公共自行车服务这个举措是值得人民鼓励的。但是我们也应该知道，当你决定实施一件事情的时候，我们既要考虑好如何一步一步地进行这件事，也要制定更多的、各个方面的防范措施确保这件事能够顺利进行。我们也知道管理公共自行车的困难之处，但是该公司可以与市民互相联系，加强对自行车的管理和监督，同时也可以加强对系统的升级，让系统不仅能够查到借车还车，还能查到是否有人在损坏，并对破坏人员进行处罚。并且要在租赁地点设置摄像头，这样才能监控自行车的去向和安全。

最后，租赁地点的管理人员要积极承担自己应尽的义务。在调查中也有人反映，部分租赁店内配备的管理人员只售卖自己的物品，不管公共自行车的租赁情况。公共自行车让我们获得了方便，作为管理人员肩负管理好自行车的义务，不能为了牟取个人蝇头私利，而遗忘了自己身为管理人员的职责。因此，管理人员应当加强对公共自行车的重视程度，不要忽略了它的重要性。

公共服务为我们提供了便捷，我们需要倍加珍惜，而不是恶意损坏。我们享受福利的同时，也要履行我们的义务，同时还要坚守我们的公民道德。只有这样我们才能更好地、长久地享受政府提供的服务。

（王萍）

不积跬步，无以至千里

近日，市民刘先生向南国都市报反映称，海口市一辆公共自行车不知被谁恶意丢弃在海新桥下的河道里，而公共自行车运营公司表示，这辆公共自行车可能是不法分子偷盗后丢到桥下的。为此，记者日前对海口市公共自行车的现状进行了走访调查，发现海口公共自行车遭受破坏的现象频繁发生。任何事情的发生都有其前因后果，公共自行车遭受破坏，一方面反映出市民整体素质有待提高，不懂得保护公共财产，另一方面，也反映出管理方面出现的问题急需解决。

不积跬步，无以至千里。社会的发展是一步一步前行，因此方便群众的基础设施建设也应该一步一步建造，针对海口出现的公共自行车的破坏，也应该一步一步来解决和完善。

首先，建立完善的监管制度。公共自行车是为方便大家绿色出行而建造的公共设施，公共自行车受到人为偷盗、破坏，所反映出的问题是迫切需要解决的。记者调查发现部分租赁点的管理人员有的只顾售卖自己的物品，其工作时间又有限制，管理员下班之后对自行车的管理成为了盲区，这给不法分子以可乘之机。基础设施的建设，目的是为方便广大群众，但对基础设施没有完整的监管制度，容易造成公共财产的流失。在建设公共基础设施的过程中，应该逐步设置完整的监管制度。公共基础设施是服务于群众，所以应该从一点一滴做起，首先要让公共基础设施的管理人员明确其职责，切实保证公共基础设施的完善；其次，建立完善的监管系统，如在监管人员下班之后安装摄像头等来保证其安全。只有建立完善的监管系统，才能保证设施的完善，才能方便人民群众。

其次，提高公民的素质。公共基础设施不断遭到破坏，一方面是监管不力，另一方面就是公民的整体素质偏低。公共设施是为方便大众而建造，每个人都有义务去保护。提高公民的整体素质，有利于保护公共基础设施。比如定期举行义务讲座，使人们了解、认识到保护公共设施对大众的意义，只有公民整体素质提高，才能减少对公共自行车的损坏。

再次，提高管理人员的素质，建立健全奖惩机制。记者了解发现，管理公共自行车的人员只顾售卖自己的物品，不管公共自行车的状况，这种状况应该杜绝。管理人员的不管不顾，给了偷盗者一次又一次的可乘之机。针对管理人员，应及时教育，明确其职责，做好对公共自行车的监管。对于偷盗者，应给予严惩。偷盗公共自行车，损害的是人民大众的公共利益，应该对其进行严厉的惩罚，杀一儆百。同时，对举报偷盗者的人应进行奖励，激励全民监督。

最后，公共设施的建设是方便人民大众，基础设施的建设也该一步一步走，不积跬步，无以至千里。营造良好的城市环境，不单单需要制度上的完善来保证，更需要一步一步提高公民的整体素质，只有公民的整体素质追赶上城市经济发展的速度，才能保证基础设施为人民服务，而不是被人民损害。

（罗恒）

莫让公物变为废物

民生问题向来是我国在发展过程中的大事，而不断完善各项公共措施便是其中一项举措。海南省在建设国际旅游岛的过程中，设置公共自行车点，本应是为民众服务，方便民众生活的举措。而今，却为某些居心不良的民众牟取个人利益提供了便利。

海口市作为海南省的省会城市，无论是在管理还是在其他各方面应该是要比海南省的其他城市要强得多。而今，有海口市市民反映公共自行车无故被丢进河中，而公共自行车的损坏更不在少数，据统计，运营公司的自行车两个月以来丢失了400多辆。可想而知，在海南省管理水平相对较高的海口市，公共自行车损坏都如此严重，那么海南省的其他城市，其损坏程度岂不是更为惊人？

应是为民众所喜闻乐见的好事，因何变成现在这样的呢？公共自行车点是我们随处可见的公共资源，其情况如此严峻，那么其他我们看不到的公共资源被民众所用的程度又如何呢？公共物品是国家发展成果与民众共享的体现，是属于民众的公共财富，每位民众对公共物品都有使用权，但同时，也有监督保护的义务。

公共自行车作为一种公共物品，损伤得如此惨重，这是对人民利益的一种践踏，要究其责任的话，大家都有不当之处。首先，管理人员的管理方法不当，使得不法分子钻了空子。其次就是不法分子素质低下，只考虑到个人眼前利益，并没有考虑到大家的长远便利。再者便是，民众对公共物品的监督觉悟不高，对公共物品保护意识不强。

或许，面对公共物品时，有的人会有这样的一种想法，公共物品是共有的，损伤了也是公家的，公家的应该归公家管才是，与民众又有多大干系呢？放在那里的公共自行车，几百年我都不见得会用到一次，我管他死活做甚？正是因为大多数人都抱着这样的想法，对公共物品的管理保持着漠视的态度，才会使我们的公共物品变成废品。

公共物品的管理一直都是个令人头疼的问题。公共物品管理人员在其值班时间有管理的义务，但是在其下班之后又由谁来管呢？我国曾经出台过相关的公共物品管理条例，但从海口市的公共自行车管理现状来看，并未起到很好的效果。法律方面的约束其一，在各地方的管理基础上，因地制宜，制定符合当地现状的管理条例才是有效的手段。其二，管理不能单靠自行车公司，民众也有权对公共物品进行管理监督。其三，增强民众珍惜爱护公共物品的意识。其四，要加强管理，调整公共管理人员上班制度，安排轮值监管，或者在各个公共自行车放置点，安置摄像头或是警报，实时监督。

公共物品管理需要大家共同努力，莫让公物变为废物。

(符延秀)

莫让公德在阳光下缺失

近日，有市民向南国都市报反映，海口市一辆公共自行车被恶意丢弃在新埠岛海新桥下的河道里。公共自行车运营公司表示，这辆公共自行车可能是不法分子偷盗之后丢弃在桥下的。根据记者的走访调查，发现海口市自行车遭受破坏的现象频繁发生，甚至存在丢失的情况。这种恶意破坏公共资源的行为，可以说是阳光下社会公德的严重缺失。

海口市设立公共自行车的本意是为了方便市民的出行，但是却经常发生公共自行车车座被偷、车座被划、车子随意丢弃等不良行为。这不仅损坏的是公共财产，同时也破坏了社会对公众的信任。人们不能因为公共自行车姓"公"就对其不加爱护甚至是肆意毁坏，私人财产是财产，同样，社会公共资源也是我们共同的财富。我们处在社会这个大家庭中，就应该爱护大家庭的财物。

海口市公共自行车运营公司海南洋嘉文化传媒有限公司副总经理党维纳表示："我们公司几乎每个星期都能遇到车辆丢失或丢弃在路边的现象"。据统计，近两个月有400多辆自行车丢失。这实在是令人感到痛心。我们不禁疑惑，现代社会人们的公德心哪儿去了？为什么破坏公共自行车的现象屡禁不止？这里可能存在两方面的原因。一方面，在这个物欲横流的时代背景下，人们的私心远大于"公心"。社会上普遍存在一些"人不为己天诛地灭"的错误思潮，人们对自己的个人财产严加保护，对于公共财物却冷眼旁观，置之不理，随意践踏不加以爱护。社会公德缺失严重。另一方面，公共自行车的监管难以执行。公共自行车系统只能识别市民借车和还车，无法监督到是谁损坏的。这就给一些不法分子可乘之机，他们盯上了公共自行车的可利之处，偷盗公共自行车并将其加以拆卸，贩卖公共自行车的零件。一次次的得手与逍遥法外让偷盗现象屡禁不止。

公共自行车受损究竟是谁之过？社会公德心的缺失又是谁的错？对于这个问题，有各种原因交错其中，我们无法给出准确答案。但是，我们可以采取一些措施在一定程度上减少公共自行车损坏现象的发生。这就需要从内部与外部入手。从内部来看，应该加强公众的思想道德教育，守住市民内心的道德高地，大力弘扬社会主义核心价值观，激浊而扬清，废除不良私心，让社会公德在阳光下发挥作用；而对于外部，应该加强监管力度，例如在公共自行车安置点安装摄像头，放置爱护公共财物的标语，鼓励市民在发现可疑人员时拨打 110 报警举报等。内部的自觉意识与外部的监管相结合，笔者相信公共自行车所受到的损害和丢失现象将会有所减少。

管理者为市民提供公共自行车的服务，市民不应该让其寒心。莫让公德在阳光下缺失，加强道德建设，弘扬主旋律，传播正能量，这个社会才会更加美好。

（苏婉真）

"双创"勿忘抓"文明"

近日，海口市恶意破坏、偷盗公共自行车的现象频繁发生，不少公共自行车惨遭毒手，如车子被盗、车座被偷、车座被划、车子被随意丢弃、车子上有明显的划痕等情况。这些恶意破坏公共资源的行为给整个海口市"双创"活动带来负面影响。

维护公共自行车服务系统正常运营主要靠自律。南国都市报的记者日前对海口市公共自行车的现状进行了走访调查，发现几乎每个租赁点都存在车辆损坏和丢失的情况，这与偷盗者太过猖狂、市民使用不当、部分租赁点管理人员无暇管理公共自行车都脱不开联系。目前海口市共投入5000辆公共自行车，每天使用率达到2000多次，主要集中在上下班高峰期，近两个月已有400多辆自行车丢失，由于系统只能识别市民借车和还车，无法监督到底是谁损坏的，怎么损坏的，因此如何保障公共自行车服务系统正常运营，最主要还是靠市民自觉维护公共自行车。

提升市民的文明素质是解决公共自行车相关问题的关键。全国中小型城市都有公共自行车服务系统，在市民日常使用过程中，不可避免会有一些损坏，除了自行车运营公司日常维护，最主要的保护还是来自使用者的保护。海口市现正在如火如荼地进行"创建全国文明城市 创建国家卫生城市"（后简称"双创"）的活动，城市在变干净、卫生在变干净，而近期公共自行车丢失现象较为突出，却让市民的文明素质呈现出"不干净"。道德是用来自律，法律是用来他律，海口市没有针对公共自行车遭破坏现象出台相关法律规定，而公共自行车运营公司在"双创"背景下已经加强各街道巡查，发现被丢弃或者被损坏严重的车辆会及时运回维修点进行修理，遇到公共偷窃或故意破坏的行为，公司会第一时间联系警方，恶意破坏公共资源的行为还是屡次发生，这与海口市民文明意识淡薄脱不开联系。

开展"双创"勿忘抓"文明"。现阶段，海口市大街小巷贴满了社会主义核心价值观的标语和"双创"的口号，"文明"一词重复出现，从另一个侧面说明了一个国家或一个城市文明程度与人民的素质息息相关。海口市"创建全国文明城市 创建国家卫生城市"的活动中，"文明"排在前头，就目前情况来看，海口市政府却本末倒置，重"卫生"轻"文明"，大街小巷都会出现"红袖章"，"红袖章"来自各个事业单位部门的人员在街上管理卫生和秩序。整个城市在"双创"活动下，街上已经无垃圾乱扔，电动车乱放等现象，但近期的自行车丢失却折射出当前海口市民的道德素质有待提高，若要解决问题须从源头入手，提高市民文明意识，海口市政府任重而道远！

（王博耘）

谁为损坏的自行车埋单

最近关于海口一辆公共自行车被丢弃河道的事引起了大家的普遍关注和议论。市民刘先生发现一辆公共自行车被丢弃河道，随即向南国都市报反映，为此记者展开对海口市公共自行车现状的调查，发现海口市公共自行车遭受破坏和偷盗的现象频繁发生，这引起了广大市民的关注和强烈谴责。

记者调查发现海口市内几乎每个租赁点都存在车辆损坏和偷盗的情况，那么城市的便民公共自行车被丢弃河道，被损坏，究竟应该谁为损坏的自行车埋单？在谴责破坏者不道德的同时，还需要反思为何公共自行车服务难以正常运营。

公共自行车公司的管理不到位。记者通过调查发现，租赁点的管理人员只顾着售卖商品，忽视对自行车的管理，导致自行车管理盲区，让破坏者有时可图。还有管理机构的监管不到位，对每天巡查人员的安排不合理，监管人员不充足。以及租赁点的安全措施不到位，没有完善的惩治措施等。

市民的文明素质有待提升。通过调查发现，自行车大多都是被偷取零件，还有被恶意破坏的。主要就是市民的自觉意识和公德心不强。如果能及时提高市民的素质，主动维护公共财产，主动维护城市形象，那么这种事情必然会减少。很高兴的是现在我市进行的双创活动必然能带动市民素质的一个大的提升，届时这种现象会得到缓解。

监督不到位。公共自行车公司的监管不及时，不够充分，没有专业的监督人员，或者是现有的监管人员意识不够，没有经过专门的培训，导致在处理问题时没有经验和丰富的知识。第二个就是政府的监管不够，政府对这种便民的公共设施没有专门的处理机构和监管机构，还有就是政府没有专门的相关惩治办法，导致对恶意破坏者无法惩治。应该完善相关的法规和惩治措施，能对破坏者严惩。第三个就是普通市民没有充足的监督意识，记者调查发现，租赁点周围的居民都看见过公共自行车被破坏，可是却很少有人选择报警或者举报，导致破坏者成功后逃跑，以至于更加助涨了他们的气焰。所以说市民的监督很重要，因为市民可以随时随地监督，这样可以减少监管部门的人力财力投放。所以提高市民的监督意识至关重要，可以有效防止公共自行车被破坏。

相信通过有关部门的解决和完善，最重要的是市民素质和监督意识的提高，在不久的将来我们能看到一个高效、安全、有序、便民的公共自行车租赁系统和一个更美好更幸福的海口。

（邵东）

公共自行车不应成为文明城市之殇

　　海口市全民参与创建全国文明城市进入第二个年头，到了攻坚克难的阶段。随着创建全国文明城市工作的有序开展，海口市市容市貌呈现出令人惊喜的变化，路上靠右行的电动车多了，逆行的少了，路边的垃圾桶多了，路上的垃圾少了，海口市距离全国文明城市的目标越来越近。在看到喜人变化的同时，市内公共自行车屡遭破坏却为文明城市的创建抹了黑。

　　社会公共服务系统的目的是方便社会成员的生产生活，系统的建立需要政府的支持，系统的维护需要全民参与。海口市公共自行车服务系统为市民提供了数千辆公共自行车，为市民的出行带来了极大的便利，有效缓解了城市交通压力，为提高海口空气质量发挥了积极作用。但是公共自行车服务系统维护现状却不尽如人意，公共自行车被毁、被盗现象时有发生，这与创建全国文明城市的目标背道而驰，也在侧面反映出城市的文明程度依旧有相当大的进步空间。

　　个人与社会相互依存，相互统一。每一位市民与城市也是相互依存，相互统一的。市民是城市的基础，没有市民就没有城市；城市是市民存在的保证，没有城市就无所谓市民。全国文明城市的创建不仅争取城市的荣誉，更在于提高全体市民的思想道德水平。习近平总书记讲"小康不小康，关键看老乡。"城市文明不文明，关键在于市民文明不文明。

　　法治是文明的基础。目前针对公共自行车使用和管理的法律法规尚处于空白阶段。当务之急是加强公共自行车领域的立法工作，使公共自行车使用和管理有法可依。其次，加强宣传教育，开展系列思想道德教育活动是我们在全国文明城市创建进程中急需开展的工作。破坏公共自行车服务通的行为不仅要在社会治安层面解决，更应在思想道德层面解决。市民道德建设是城市文明发展的基础，在创建全国文明城市的进程中，需要以提高市民思想道德建设为文明城市创建强基固本。

海口市公共自行车服务系用的良好运转体现着海口市的文明形象。莫让破坏公共自行车服务系统的行为成为创建文明城市之殇。

（崔松）

自行车，自省德

近日，海口市民刘先生向南国都市报反映称，海口市一辆公共自行车不知被谁恶意丢弃河道里。这种行为引起很多市民的强烈谴责。而记者走访发现，恶意损坏公共自行车的行为不在少数。一个国家的国民素质在某种程度上体现在对公共财产的维护上，同样，一个市民的素质也是如此。

但是，公共自行车被损坏是否仅仅是因为海口市市民素质不够高？未必。海口市公共自行车系统运营仅两月之久，运营系统不完善也是情有可原。刀本身并无正义与邪恶之分，在正义的人手中，是惩恶扬善的工具，在不法之徒手中，就成为为非作歹的利器。同样，公共自行车被损坏，责任也不能单纯归咎于民众。江河入海，靠的是引导。对民众的正确引导，提高其素质，是"拯救"公共自行车的根本之法。

然而，提高民众素质耗时过长，不能取得立竿见影的效果。当前海口市公共自行车损坏率高，直接原因是使用率太低。据了解，山西省省会太原也在提倡使用公共自行车，但损坏率却低于海口市，难道是因为太原市市民素质高于海口市市民吗？主要原因就在三个字：使用率。海口市公共自行车运营系统可以说尚处于"婴儿时期"，大多数市民出行时使用的公共交通工具还是公交车，对于公共自行车"不感冒"。那么，如何提高公共自行车的使用率，应该成为运营公司和政府共同思考的课题。

在自行车遭到损坏后，运营公司表示要市民相互监督，以减少类似情况的出现，然而收效甚微。单靠市民是无法完成监督的，社会各方也不能将希望寄托于人民内部的监督。众人拾柴火焰高，团结力量大。政府应该承担起领导者的角色，建立一个企业—警察—群众联动监督机制，加强这三方的互动，将各方的监督编制成一张大网，让不法行为无处逃脱。同时，市民也可以将双创中的"拍拍看"精神发挥出来，真正引起市民们对此类行为的重视。

城市公共自行车的管理不能一蹴而就，完善监督也不能一步登天。对此，社会各方尤其是民众应该给予足够的宽容。在一个所有事情都被无限放大的大媒体环境下，民众应该给政府一定的信任和时间。同时，各方一定要尽全力履行好自身职责，不要有速度的"渣滓"工程，也不要让民众的等待"烂尾"。

公共自行车是公共物质财产，公共道德是公共精神财产。物质财产被损坏可以再生产，精神财产损坏了，再生产起来成本就太大了。一辆小小的公共自行车，承载的不仅是人，还有整个社会。

（李婷婷）

公共资源的管理和维护何去何从？

据媒体报道，海口市公共自行车被恶意丢在桥下的河道里，为此，记者进行走访，发现海口市公共自行车遭受破坏的现象频繁发生，很多市民严厉谴责这种恶意破坏公共资源的行为，运营公司也表示要加强监督，及时制止这种行为再次发生。这样真的可以杜绝类似恶意破坏公共资源的事情发生吗？公共资源该如何维护和管理？

俗话说"人为财死，鸟为食亡"。近日关于海口市公共自行车的被盗和恶意破坏的报道，向人们展示一个新的公共问题：为何公共资源被破坏的事情频繁发生呢？其中主要是个人趋利的原因。有些人利用公共资源管理较为松散的漏洞，恶意破坏公共资源，从公共资源身上牟取私利，或偷盗变卖，或躲避损失赔偿。人心趋利，利用一切手段钻空子，为自己牟取更多的利益，当然，这些只是少数人的行为。但是，公共资源管理上存在的问题不得不引起人们的深思。

亡羊补牢，为时未晚。既然发现了问题所在，就该全力地去弥补。由于公共资源并不属于某一个人或者某一类人，所以在管理层面必然会存在问题。公共资源的管理必然会消耗一定的人力、物力、财力，为了避免这方面的消耗，必然会精简这一方面的管理，以求最小的资源浪费。但是从媒体报道的材料看，公共资源的管理并不严谨。公共自行车的被盗和恶意破坏、公共图书馆的图书恶意损坏、景点的恶意破坏等无不体现了这一方面的问题。因此，必须要加强公共资源的管理，投入一定的人力、物力、财力去维护。

对于公共资源的使用与维护，要做到更加严谨的监督。现实中有些人对于那些破坏公共资源的行为，总是采取漠视的态度，以事不关己高高挂起的姿态自居，认为此类事情和自己无关，多一事不如少一事，正是因为这些人的无视、纵容，才使破坏者少了拘束，多了破坏的机会。因此，只有加强监督，才能更好地维护公共资源。多些法律法规的约束，多些社会和人民的监督，才能约束破坏者的行为，才能更好地维护公共资源，使更多的人能够享受公共资源给人们带来的好处。

公共资源的维护不仅仅需要政府的管理，还需要全民参与，自觉维护公共利益。公共资源的投入和使用，是为了创造更好的条件，方便人们的生产生活，而不是给少数人创造谋取私利的机会。因此，人们要自觉维护公共利益，自觉监督。公共资源的管理和维护，不仅需要政府的维修，还需要社会的支持与人民的监督。

（黎晶晶）

保护公共资源，刻不容缓

近日，市民刘先生向南国都市报反映称，海口市一辆公共自行车被恶意丢弃在新桥的河道里，经调查，这种破坏情况频繁发生，一时间"公共资源使用"这一问题又被推上舆论的浪尖。

公共自行车本质上是属于公共资源，据数据显示，预计2017年公共自行车市场用户规模将达5000万用户规模，公共资源在给我们带来便利时，却遭到大规模的破坏，着实是社会之痛。这个社会之痛，不仅照出了人性之弱——国民素质过低、缺乏公共意识和契约精神。同时照出了城市规划、监管之憾。

具体的原因归于以下几点：首先，市民素质低，表现为法律意识淡薄和公共契约精神缺失。一方面，偷盗者和破坏者没有意识到他们的行为既违反法律，又造成恶劣影响；另一方面普通市民并未对破坏行为加以制止与举报，没有保护公共资源的意识。其次，品牌博弈带来了公共自行车乱象。自2015年摩拜单车进入北京，后又出现多个单车品牌相继涌入市场，大规模扩张市场，但法制法规尚不健全，很容易"消化不良"。同行的恶性竞争，以及同为代步工具的其他车种的破坏进一步加剧了市场的乱象。此外，公共自行车自身设置的缺陷，比如没有规划公共自行车停放区域，乱停乱放现象时有发生，没有统一的停放，给了破坏者可乘之机。最后，监督漏洞导致管理缺失。一是信用体系的约束力不够，信用积分信息尚未在公共自行车运营机构间共享，用户在被一家封号处罚后可以租用另一品牌车，处罚威慑力大打折扣。二是各方沟通不畅，公共自行车机构与城市管理者没有对接，双方沟通形成了真空地带。

公共自行车惨遭毒手是多方面原因共同作用的结果。为了减少，直至避免这种现象的发生，需要尽快落实切实可行的措施。第一，加强法律与思想教育工作，尤其是思想政治教育工作。借助标识、公益广告的力量给市民内心播撒善的种子；同时，加强法律宣传教育工作，做到人人懂法守法，最有效的就是学校教育，以学生为桥梁，实现对家长法律教育的目的；第二，建立奖励机制，只要举报偷盗者，或是提供线索，协助警方破案的市民，都会得到相应的奖励，所谓"重赏之下，必有勇夫"，相互监督，相互约束，切实可行；第三，规划相应的停放区域并设置监控系统，同时加强巡查，这对于案件的发生能起到预防作用；第四，加快信用体系的构建，信用积分信息在各大运营商机构间共享，让破坏者无处可逃。

"以责人之心责己，则尽道，以爱己之心爱人，则尽仁。"再多的社会约束依然不能阻止犯罪。公共自行车的保护关键在人，培养法律意识，提升国民素质以实现公共资源的保护，刻不容缓。

(李思雨)

还公共资源一个应有的"身份地位"

市民刘先生反映，海口市一辆公共自行车不知被谁恶意丢弃在新埠岛海新桥下的河道里。记者调查后发现，类似情况在海口很普遍。海口市不同区域都出现过公共自行车被偷盗或遭到不同程度破坏的情况。

公共自行车租赁本是一个便民的举措，为什么却屡次出现这种被恶意破坏的情况？这是一个值得我们深思的问题。

海口市人口较多，交通拥堵的问题也相当严重，特别是在上下班高峰期。为了减轻百姓的出行难问题，海口市推行了租赁公共自行车的政策。这一政策对公民来说，不仅可以方便人们的出行，而且还可以锻炼民众的身体素质。对社会来说，自行车是一个环保的交通工具，可以减少机动车辆尾气排放问题，保护环境。

虽然没有人会否认公共自行车租赁政策为市民出行提供了极大的便利，但是社会上还是存在一些唯利是图的人，对公共自行车这一公共资源心怀不轨。还有人认为公共自行车是公共的资源，在使用的过程中不注重保护，导致自行车的损毁率居高不下。

为了减少此类事件的发生，我们可以从以下几个方面入手加以解决。

首先，加大对保护公共自行车的宣传力度。通过宣传，强化民众对公共自行车的保护意识。其次，加强舆论的监督作用。再次，合理安排租赁点管理人员的工作时间和工作任务，合理划分管理人员的工作时间，明确规定其工作职能。然后，运用先进技术提升公共自行车监管水平。最后，制定必要的法规，强化违规惩治力度。

公共自行车是一种公共资源，我们不能为了满足自己的利益而损害公共的利益。我们应该分清公共资源和个人资源的区别，还公共资源一个应有的"身份地位"。

（王慧娟）

公共事业需要"事事关己"的态度

公共自行车的设立本是为了方便市民的出行，然而在走访调查中发现，公共自行车遭受破坏的现象频繁发生。在海口甚至出现不法分子偷盗公共自行车后丢弃到河道里，而且在后续跟踪调查中还发现市内几乎每个公共自行车租赁点都存在车辆损坏现象，还有市民反映看到有人公然偷盗公共自行车车座、随意丢弃车辆等行为。这不单单是一个城市的公共服务上的现状，其他城市也难保会有诸如此类的乱象。

为何一件面向大众的公共服务在施行中会如此难于管理？如果不深入探究解决此乱象的根源，在以后的自行车运营商定会出现更大的问题。

公共自行车的运营依靠的是租赁操作，虽然部分点位配备有管理人员，但这些管理人员大部分是附近商铺的销售者，自然不能全时段进行监管，而且监控设备也不健全。一些不法的社会人员则趁机进行偷盗，为的就是公共自行车上比较新鲜又值钱的轮胎等零配件，并且自行车轮胎、车座等很多都通用，偷盗后自然易于己用或者卖掉；最难监管的环节是在租用期间，租借点只能识别自行车的借与还，却不能检测车辆损坏情况，而且也没有相应的损坏惩罚措施，这让租借者在破坏中有恃无恐，最后维修费也没有落在他们头上。

针对公共自行车的现实运营困难，有几个方面的措施值得考虑：公共自行车的租赁点位要有一定的密度，方便市民的租借和归还，并且要在每个点位有相应的监控设备和检查人员；推出的公共自行车的设计以及零部件要和大众自行车有所区别，最好是通用在公共自行车且不能安装在普通自行车上；在点位租借归还系统上做到实名制租借，利用新技术提高公共自行车管理水平；设立群众监督和举报热线，及时对群众的举报情况作出行动上的反应；最重要的是要提高租借者的道德素质，在自行车的使用中其实很大程度上还是依靠市民的自觉性，要让使用者认识到他们使用的不仅仅是公共物品，更是自己的物品。

公共资源的运营一定要对使用者动之以情、晓之以理，只有当公民认识到公共资源事事关己，才不会在使用中摆出事不关己的态度，而这些所谓的漏洞也不足以构成目前的乱象了。

（杨振兴）

公共资源损坏谁之过

近日，市民刘先生向南国都市报反映称，海口市一辆公共自行车被恶意丢弃在河道里。而自行车运营公司表示，这辆自行车可能是不法分子偷盗后丢弃在桥下的。随即，记者进行了走访调查，发现海口市公共自行车遭受破坏的现象频繁发生。据调查，海口市公共自行车损坏情况不在少数，其中，车座被偷、被划以及车子随意丢弃等是公共自行车最常遇到的问题。而据运营公司透露，近两个月来400余辆自行车丢失，尽管公司每天都有管理人员在各街道巡视，但仍然无法杜绝此类现象的发生。毫无疑问，公共自行车屡遭毒手，是对公共资源的严重践踏和浪费。

这种恶意破坏公共资源的行为自然也受到了市民的强烈谴责。但是仅仅是谴责还不够，更应该有所行动。公共自行车是为了方便市民生活，践行绿色出行的环保理念而设立的。它的存在，是城市践行低碳环保、以人为本的一个标杆。而其在城市中是否能够很好地存在和运行，则是城市精神文明的缩影。谁该为这一恶意破坏公共资源的行为负责？不单单是毁坏自行车个人，也不仅仅是想要监督但心有余而力不足的运营公司，更应该是所有的海口市民。

许多市民很爱去谴责那些不守公德的人。但是又有许多人，他的行为止于谴责。当他们看见破坏或偷盗公共自行车的人时，或许更多人会选择熟视无睹，稍微在心里指责或者咒骂一句，缺乏上前制止的勇气。而当他们在使用公共自行车时，有些人又认为，这不是自己的东西，是公家的，也用不着好好保护，坏了也不是自己的损失。那些偷窃的人更是恶劣，他们虽无一官半职，但也会"以公谋私"，或许有的人还认为这里面有他的纳税钱，他有权拿走。

在二战结束审判德国战犯时，曾有人提出了"平庸之恶"这一概念。谁来为千千万万被驱逐、被屠杀的犹太人负责？谁来为这一恶行埋单？难道被指责的只有希特勒和那些下达指令的战犯吗？只有那些罪大恶极的种族主义者吗？不，不是的。同样应当背负起这一沉重的十字架的，还有那些只知道服从指令的士兵，还有那些对这一恶行置之不理、冷眼旁观的德国人。或许在此引用这一概念过于拔高，但是，同样的是，整个海口社会都应当有这样一种公共自行车的破坏与自己有关的意识，而不是当事情真正落到自己头上时，只会在内心表达愤慨与自己丝丝的内疚。

在公共资源上，公与私紧密相连。保护公共资源，既为人又为己，何乐而不为？那些为人为己的善心与私心，聚是一团火，散作满天星，必将为海口创建全国文明城市贡献出巨大的力量。

（柯永慧）

海口公共自行车频繁被偷，如何破？

　　为方便市民出行，海口在全市投入了5000辆自行车，然而这些自行车却频繁被偷或受损。但是由于相应的系统只能识别市民借车和还车，无法监督到是谁造成对自行车的损坏，也无法监督到是怎么导致损害的，所以只能靠市民自觉爱护公共自行车。对于这些受损车辆，运营公司最终也只能派维修部前去处理，便不了了之。至于如何维护这些社会公共资源——公共自行车，并没有提出切实有效的措施。如何有效地维护社会公共资源，还需政府、公司、社会民众相配合，才能保证公共资源的最大化利用率。

　　公共自行车属于社会公共资源的范畴，是政府在市场规律作用下，由公司提供的公共服务，所以运营权属于公司。政府让渡部分权力给公司，一方面是为了减少政府资源的投入，创造财政收入，让市场竞争更有活力；另一方面，政府运营公共自行车确实有益于市民出行，充分利用社会资源，减少浪费。但是政府不能在买卖交易结束后，便"撂挑子"，什么都不管，在对公共自行车频繁被偷和受损情况下，置之不理。政府可以建立失信惩戒制度来规范管理公共自行车。大部分自行车被偷和受损都是由惯犯造成的，这些人的行窃行为即使被证实，如果没有严厉的惩罚力度，他们就会更加肆意妄为。只有加大惩罚力度，才会让他们不敢偷盗公共自行车。同时，政府应加大宣传，宣传公共自行车等类似公共服务系统的便利性，呼吁市民共同爱护。为了方便监督，政府可以建立24小时举报热线，呼吁市民互相监督。

公共自行车的运营权是归属于公司，说到底其管理还是由公司负责的。面对部分租赁点配备的管理人员只顾售卖自己的商品，却不管公共自行车维护的现象，公司该如何破局？笔者认为，公司可以将公共自行车的受损情况和管理人员的薪酬挂钩。比如，如果这个月公共自行车被偷和受损情况严重，那么该管理人员本月的工资将减少；反之，如果受损情况减少，那么该管理人员的工资也会上升。通过建立类似奖惩制度，管理人员就无法对公共自行车置之不理了。

在管理人员8小时工作时间外，公共自行车又该如何维护呢？这就要靠市民监督能保障公共自行车服务系统正常运营，让市民也较大程度投入到这场维护公共自行车的行动中来。通过宣传，让市民知道公共自行车频繁被偷，不是一己之事，而是全社会的事，个人是不能独善其身。以小窥大，公共自行车属于社会公共资源的范畴，部分人的行为损害了群体的利益，这种行为应该遭受到全社会的谴责。所以市民既要谴责这种行为，也要相互监督才能维护社会公共利益。

公共自行车频繁被偷，折射出社会公德问题。我们既要靠法律来惩戒自己的违法行为，也要靠社会道德来约束我们自己的行为。重建社会公德在当今功利社会中尤其重要。总而言之，公共自行车的维护需要政府、公司和市民三方合作。

（严菲菲）

"小马云"现象的背后：不要忘记网络之外的现实

相貌酷似马云的9岁儿童范小勤走红网络，正是在今年"双十一"前夕，当千家万户、众多商家、各大媒体都在为"购物节"的到来积极准备之时，正是马云和阿里巴巴集团备受关注之时。所以，此事件很快吸引了众人的眼球。

透过"网红"的标签，摆在舆论面前的是一个沉重的事实：范小勤生活在江西省吉安市永丰县的一个贫困的小山村，家属多半有残疾，全家五口人只靠截肢的父亲种水稻和政府低保来维持生计。已到学龄阶段的范小勤还从未上过学。透过眼前网络上的"小马云"，我们看到还有一个贫困家庭……不，是千千万万的贫困儿童和贫困家庭在生存线上挣扎的现实。

这个与网络绝缘的家庭，虽然不知道马云是谁，但是因为马云和网络给范小勤的前途和家庭的未来带来了希望。以网络作为载体的大众传媒借助其信息交流、沟通、共享的强大功能，向全社会传递了范小勤家庭贫困的现状，他的家庭受到了救助，范小勤完成学业也有了物质保证。

然而，网络上有一种消费范小勤的倾向值得警惕。企业家、网络媒体的宣传方式受到了网友的反对。他的走红，是企业家的炒作和媒体的包装。有些企业主和网络工作者借慈善的名义，真实的目的却是挖掘范小勤的商业价值为自己牟取商业利益。这些行径，正是以"爱心"的名义给范小勤及其家庭带来了伤害，也再一次引发了一场社会的信任危机。

正如网友的调侃：这果然是个看脸的社会。若不是相貌酷似马云，身在农村、在社会底层的范小勤和身处城市、在社会上层的马云的生活是两条永远不会相交的平行线。往深处发掘此现象，我们看到了，虽然一个范小勤的命运被成功改变了，但他的背后，现实的农村当中，还有千千万万的贫困儿童和贫困家庭。"小马云"引起的舆论风暴，或许会像大多数旋起旋灭的社会事件一样，在舆论的关注度下降后迅速降温。然而，当舆论散去之后，我们不能忘记"小马云"背后的千千万万的贫困儿童和贫困家庭，不能忘记网络之外的现实。

我们要建成的全面小康，是"一个都不能少"的小康；我们要进行的脱贫攻坚，是翻天覆地、没有死角的脱贫。随着舆论热点的转移，"小马云"很快就会淡出人们的视线，但请不要忘记他身后成千上万的贫困儿童和贫困家庭。在网络之外的现实中，我们应当将爱心转化为行动，全社会在政府"精准扶贫，全面脱贫"方针的指引下行动起来，为贫困的同胞撑起美好的明天！

（高雨欣）

透过小马云现象看脱贫：
人外有人，山外有山

众所周知，明星身上全是金，他们自带光环，走到哪里都备受瞩目，无论是演员明星、运动明星、慈善明星以及通过艰苦创业发家致富的土豪明星等，他们都有极大的影响力。但当前我国处在脱贫攻坚的关键时期，怎么扶贫、脱贫可谓意义及其重大，然而这一切如果只有明星的慈善、社会的支持是远远不够的。十八大指出，办好中国的事情关键在党。那么，做好脱贫攻坚这一民生工作更是如此，关键在党、关键在领导干部，关键在干部的初心与作为。

"双十一"已过去，大家轰轰烈烈在网上践行着"买！买！买！"，解决着自己的心理购买需求，为 GDP 的上升作出了巨大贡献。人们在享受等待快递敲门，货物到手的喜悦心情之余，还在关注着娱乐新闻，增加"生活情趣"。

在"双十一"前后，网红"小马云"上了热搜榜，借马云名人效应迅速走红，成为名人。"小马云"本是生活在无人知晓的深山之处，因为"有见识"的村民回村偶然发现名叫范小勤的儿童长得极像阿里巴巴总裁，便迫不及待向大家展示其"重大发现"，分享"喜悦"。网络的影响力在当今犹如龙卷风，携带着范小勤席卷全国。随后，"不负众望"，企业家、娱乐媒体、网络媒体、爱心人士、"聪明伶俐"的商人通通赶来"帮助"小马云，顺便再收取一点"利息、回报"。

且不说这些不辞辛苦、不远万里、千里迢迢赶来"帮助"的社会各界人士的对与错，因为商人天性就是为获取利益，媒体天生就是为抓人眼球，企业要想发展壮大、站稳脚跟，也得对社会做出贡献，提高企业文化与影响力，爱心人士更是"心太软"……推开这一个个社会人士，揭开一层层娱乐背后的迷雾，忽然发现最能解决"小马云"生活、教育问题的相关部门玩起了"躲猫猫"游戏。社会各界都在行动，唯独缺少了"相关部门"。领导干部，不积极引领、引导，踏实干事，如何获得群众的支持和信任？群众路线正在火热进行，不及时跟随民意深入基层、深入农村，怎么为了群众、依靠群众？脱贫攻坚的种种理念和措施更是让人如何相信？

小智治人，中智治事，大智立法。规章制度具有管总的作用。远离城市、手无寸铁之力的乡亲需要政府的帮助，相关部门绝不能犹豫不决。当领导干部的自觉性靠不住时，制度就可以在其身前源源不断发力，督促其真真正正、实实在在为民着想、为民着手，将党中央部署的脱贫攻坚任务落到实处、细处、准处。

人外有人，山外有山，在大山深处仍旧生活贫苦的人民需要帮助和支持。一个国家的文明与否、发达与否，不仅在于"知名人士"的境遇，更在于那些远离城市和网络，身处大山深处，生活处处充满无助却又无力发声的弱势群体。

明星慈善也好、社会捐助也罢，这些只不过都是"末"，而相关部门干部的初心与作为才是"本"，正本清源、群策群力，这样社会才能在攻坚前行的道路中拥有磅礴之力。

（张青）

不能让"赠人玫瑰，手有余香"成为一句空话

"赠人玫瑰，手有余香"是英国一句著名的谚语，它也常常成为人们日常生活中激励人们做善人、行善举的话语。近期的一则新闻报道使得人们又想起这句话，不过是从反面的意义来思考和讨论的。

范小勤是一名九岁的刚上一年级的小学生，他的家庭极度贫困，父母亲皆为残疾人，年迈的奶奶还患有严重的老年痴呆症，这无疑是雪上加霜。多数人以为事件发展到这一步，紧接着应该是"募捐"之类的举措了，但是没想到出现了戏剧性的转变。原本一名穷在深山无人知的贫困儿童，却因一张酷似阿里巴巴集团董事局主席马云的脸，在"双十一"之前突然爆红。从此之后，范小勤这位年幼的孩子被贴上了"小马云"的标签，受到了来自各个方面的"关爱"。不仅有企业家的关注，还有网络直播为他进行募捐。这无疑为范小勤一家带来了希望和光明。

事件到此本该结束了，但是这些企业家、网络直播、爱心人士却不是"施恩不图报"的主。正所谓"无利不起早"，他们是打着善举的旗号，干的是利己的事。更过分的是，那名网络直播还带着范小勤父子俩去拍视频，要求所得收入三七分成，还声称给小勤买了衣服，事实却是他什么都没买，还在人家里吃了肉。网络主播募捐是假，提高自己的网络知名度是真。难道"赠人玫瑰，手有余香"只是一句空话吗？这不得不引起我们的思考。

从古至今，我们一直提倡"施恩不图报的传统美德"，帮助他人是出自内心深处的善意。然而，现在这些都变了，它变得让人感到陌生，变得让人感到恐惧，变得让人难以置信。如果说企业家的"施善行为"因商人都是逐利的还可以理解的话；那么那名网络直播的行为就令人满腔愤懑了，因为他让善心人士的善举在无意间成为他收敛钱财的工具。这些事让好人好事披上了肮脏的外衣。当今这类事情的发生频率越来越高，爱心人士也越来越不敢捐献自己的爱心。他们不怕捐献钱财，怕的是所捐的东西不知所踪。那么对于这类事件的发生我们要如何避免呢？本人认为应该从以下方面着手：

第一，提高爱心组织操作募捐活动的透明度。当爱心人士捐助善款之后，他们常常有是否真正帮助到他人的顾虑。正是因为一些慈善工作机构的流程不够透明，社会声誉日下，才使得越来越多的人不敢再捐助，一旦有人劝捐，他们往往回答"这是假的，我不相信你"。

第二，政府要加强监管。对于一些大型的爱心组织，政府要加强对这些组织及其合法性的审查，避免出现谋私利的现象。同时，对于爱心组织的后续工作也要加强监督，让所捐助物资的流向在阳光下进行，随时准备迎接社会监督。

第三，爱心组织要诚信经营，做到诚心为老百姓做好事。由于一些不良爱心组织的行为导致公众对于爱心活动的不信任情况，所以献爱心组织更要树立起自己的正面形象，要把好事办好。

让我们共同努力，让"赠人玫瑰，手有余香"不再成为一句空话，让奉献、助人的传统美德能够继续传承下去。

(王萍)

精准扶贫：网红要承担起更多责任

说到"范小勤"，似乎没有多少人知道是谁，但是提起"小马云"，那个头发脏乱、满脸灰尘、脏兮兮的小男孩会立刻浮现在脑海中。作为生长在山区贫困家庭中的小男孩为何在短短时间里变得世人皆知？网络时代的今天，答案一目了然。显然，在此事件中网红吸收了大量粉丝，"范小勤"家庭贫困的现状依然没有改变。然而网红存在的价值并不止于此。

网络信息传播的开放性使得"小马云"的信息能够进入网络进行传播，基于自身各种目的的企业、单位和个人利用特殊的事件作为噱头提升自己的知名度，以求增加自己的收益。对"小马云"炒作，始于同乡的好奇和惊讶，其瞬间的爆红则源自于各企业、单位和个人的炒作。

有些人在"小马云"事件中的动机非常直接，就是为了提高自己的知名度，为自己利益的积累寻求捷径。其本质是让广大网友消费贫困，为自己带来丰厚且迅速积累的收益。网红经济在当下网络社会异常火爆，部分直播平台主播年收入超过千万元，大量的主播年收入超过十万元。网红投入回报比率让人瞠目结舌。

网络直播的内容也引起广大网民的讨论。以"小马云"话题为例，各平台主播的直播内容多以强化自我为出发点，竭力彰显自己的爱心，让网民知道自己的善良和奉献，这种具有极强目的性的直播远远偏离了"小马云"所面临的问题本质——贫困。

据统计，截至目前，中国贫困人口依然高达两千万。我国正处于全面建设小康社会的新时期，习近平总书记提出"小康不小康，关键看老乡"。存在两千万贫困人口的小康社会不是全面的小康社会。网络中热度极高的被网红极力炒作的"小马云"也只是两千万分之一而已。从贫困家庭的角度出发，网络炒作的最好效果不过是使被炒作者的生活得到一时的改善。网络热点具有极快的转换性。热点回落以后，被炒作的贫困家庭和贫困人员的生活依然贫困。

自从国家提出精准扶贫战略以来，我国的扶贫工作迈上新台阶。精准扶贫的目的不是让贫困人口一时脱贫，而是永远摆脱贫困，并能获得可持续性的发展。网红经济火热为创新精准扶贫战略提供了重要契机，推动网络直播内容向积极的方向发展是网络直播平台的大趋势。

网红应该自觉承担起精准扶贫的社会责任，帮助更多人摆脱贫困，以网络经济带动实体经济的发展，形成以点带面的能动效应，为全面建成小康社会添砖加瓦。

（崔松）

慈善同心，致天下平

世上没有相同的两片叶子，世上却有神似的两个人。因为自己的相貌，"双十一"意外走红的"小马云"成了网络热搜。但深入了解才知道这个长相酷似马云的小男孩背后不是欢声笑语，而是沉甸甸的现实。

"小马云"本名范小勤，家境十分困难，父亲残疾，母亲从小患小儿麻痹症，又不幸被牛戳瞎一只眼睛。奶奶83岁患老年痴呆症，一家五口人的生活都只靠三亩水稻和低保度日。因为长相酷似马云，走红后，许多企业家、网络主播都对其发起了大大小小的慈善活动，但其中更多人都是为了蹭热度牟取自身利益。关爱本身没有错，但关爱的方式值得商榷。

帮助他人，为他人发起慈善活动是件有意义的事情，但以慈善之名，实则牟取自身利益的行为是可耻的。规范慈善的行为，有利于帮助很多需要帮助的人。如何规范慈善行为？我相信只有慈善同心，才能帮助他人，致天下平。"授人以鱼不如授人以渔。"爱心人士在得知范小勤的家境后，给予其物质和金钱上的帮助，这种帮助是最直接的方式，但这并不利于孩子的健康成长。孩子需要物质和金钱的帮助，更需要文化教育的帮助。范小勤的父亲也说过希望孩子能够接受教育，给再多钱也没用，只有孩子接受教育，能够上学，以后才有出息。对于慈善，不仅是解决他人的柴米油盐，更重要的是能够从内心出发，特别对孩子，给予其成长上的帮助。

规范慈善，对炒作者严惩不贷。一些网络主播不远千里赶到范小勤的家中，不是为了帮助，只是为了蹭热点加粉。对于假借慈善之名，通过网络直播的形式曝光他人，实则牟取自身利益的炒作应该严惩不贷，在这个互联网时代，网络直播成为大众精神交流的载体，但通过炒作他人，以他人贫困的家境为噱头，以一种愚弄他人的虚假方式帮助他人应该受到严惩。网络本就是一把双刃剑，运用好才能有效地帮助他人。我们需要思考的不是如何通过炒作让自己走红，而是在这个网络时代，如何借助"互联网+"的方式真正帮助更需要帮助的人。

慈善同心，致天下平。只有大众对慈善的意义和价值有清晰的认识，从心底用大众认可的方式关爱他人，才能使需要帮助的人得到有效的帮助，才能致天下安平。从心出发，在力所能及的范围内帮助他人，做好慈善。范小勤只是一个个例，但他代表着那些贫困山区需要帮助的孩子。他们的处境不是笑话，而是沉重的现实。规范慈善的行为，借助现有的资源，用一种健康的方式帮助他人，关爱他人，才能营造和谐安定的社会氛围。

（罗恒）

莫让私欲控制人心

最近，江西省一个家境贫困的孩子范小勤因神似马云而意外走红。马云本人在微博回应："乍一看这小子，还以为是家里人上传了我小时候的照片，这英武的神态，我感觉自己在照镜子啊。"此事件一出，引来各大网友调侃以及社会各界的密切关注。

范小勤从"穷在深山无人知"到"长成马云天下知"，这其中少不了网络舆论的推动。他的名气也让不少人蠢蠢欲动。当地奶粉店对外宣传"小马云"是吃他们家奶粉长大的；深圳某老板欲将"小马云"设为商标；商家冒充志愿者"搞募捐"；网络主播包装范小勤并进行直播。这种种因为神似马云而出名带来的影响仍然在持续发酵。2016年11月20日傍晚，众多所谓的爱心人士、企业老板、网络主播和媒体记者簇拥在范家时，平常极少说话的范小勤忽然蹦出一句："我是小马哥"。善恶如洪流，可以将人送上巅峰，也可以使人坠入低谷。意外走红究竟是福是祸？

随着科技的不断发展，我们每个人都处在互联网时代。与此同时，人心也产生了变异，人们被私欲控制，功利心强。范小勤只是一个普通而又无辜的孩子，却有不少人不择手段地利用他的名气博取大众眼球，甚至进行营利活动。这一系列事件不断发酵的一个重要原因就在于人们的私欲。家境不好的范小勤怎么会想到，这一夜爆红所带给他的将是一拨又一拨所谓爱心人士的炒作。又有谁愿意这样成为他人的影子？范小勤就是范小勤，他不是马云。

11月9日早上，阿里巴巴董事局主席马云通过内部邮件表示："自己愿意承担'小马云'的上学费用，供到大学毕业。"这个做法有益于范小勤的发展，可以说是巨大的帮助。而反过来看，那些所谓企业人士与网络主播的做法不得不让人寒心。有个网络主播直言："就是为了蹭热点加粉。"经过调查，超六成受访者反对主播借小马云炒作。这些人被私欲所控制，以为借助范小勤头上那"小马云"的名气可以带来金钱与关注度，殊不知，在世人看来，这不过是一场闹剧。

私欲是一剂毒药，会影响社会的发展。世人不能做这场闹剧的看客，我们应该正视私欲，拒绝不择手段地进行炒作。范小勤家境贫穷，这是一个沉重的社会现实，还有千千万万的"范小勤"仍然在饱受贫穷所带来的苦痛。对于"小马云"事件，人们应该真诚帮助，而不是为了满足虚荣心与一己私欲哗众取宠。凡益之道，与时偕行。时代在发展，人心也应该提升。

"道虽迩，不行不至；事虽小，不为不行"。我们应该把握住时代的脉搏，莫让私欲控制人心，用社会主义核心价值观和人类文明优秀成果滋润人心，滋润社会。传播正能量，弘扬主旋律，砥砺前行，为社会的发展贡献力量。

（苏婉真）

不要让网络直播肆意生长

网络空间的一则新闻，如一石激起千层浪，将一个9岁小孩推进舆论的旋涡。他叫范小勤，一个贫困地区的普通男孩，就像那句名言所说"不幸的家庭各有各的不幸"，小勤家中亲人多人患病，依靠低保和父亲种植三亩薄田维持生计。但因为小勤神似"马云"，获得了广泛的关注，多位网络直播的主播闯进了小勤的生活。他们从各地赶来，以"爱心"之名行"圈粉、炒作、博眼球"之实，完全与宣扬的爱心救助背道而驰。

网络直播频频陷入"炒作"的泥潭，网络直播是一种现代的文化传播方式，本来在繁荣大众文化、活跃网络生态方面有着积极的建设性作用，但为什么频频出现"脱轨"、"失范"的行为呢？我们不仅深思，在这个现代文明飞速发展的今天：网络直播缘何肆意生长？

网络直播的肆意生长缘于网络监管的缺位。作为网络文明的一个时代符号，网络直播可谓是占尽了现代技术的天时地利，它依赖迅捷的新媒体、广泛的互联网移动终端，在发展中展现了特有的生命力。但不得不承认，当前的网络直播是泥沙俱下、鱼龙混杂的，极低的门槛让每个人都可以参与。在这里，市场的自发性、盲目性得到充分的显现。色情、低俗、吸睛在赤裸裸的利益诱惑下张牙舞爪，部分网络主播在成名、打赏面前蒙蔽了道德的双眼。即使道德自觉可以缺席，市场监管不能缺席，我们的网络主管部门也不能缺位。网络直播是一把双刃剑，如何引导、如何规范、如何培育和发展网络直播的积极因素，还要我们的网络主管部门深思，绝不能让网络直播成为网络监管的"法外之地"、"化外番邦"。

网络直播的肆意生长源于部分人对利益的肆意追逐。有人说：这是最好的时代，也是最坏的时代。充分勃兴的市场经济让人们更加追求物质财富，某种程度却导致精神上的贫瘠。网络直播中，对打赏、粉丝量、关注度的不计手段的追逐背后，是对物质财富的贪婪。金钱和成名的驱使，浮躁和利益的驱动，让部分主播难以自制，绑架爱心、绑架良善，"骗捐、诈捐"就此出现，让本来欣欣向荣的网络直播走向扭曲，令人扼腕。

新事物的生长是曲折的，我们应该呵护新事物，但更应该加以引导。网络直播不能成为物质的高地、精神的荒原。面对网络直播，我们应该加强监管、规范管理，对于网络主播和受众的文化品位则需要因势利导。愿"小马云"这样的事件少些吧，我们需要还网络直播一片清朗的天空。

（倪圣茗）

警惕"网红"效应，切实做好扶贫工作

  一个是名满天下的电商巨头，一个是偏远山村的贫困儿童，身份悬殊但相貌相似，这样强烈的反差，在"双十一"网络购物狂欢前期成功地吸引了人们的注意力。经过众多网络媒体的不断报道，这个叫范小勤的男孩从此过上了"网红生活"，在网络上的出镜率极其高，受到社会大众的关注与捐助。

  透过重重社交媒体的报道，我们不妨走进真实"小马云"的生活，一个悲惨的家庭现状呈现在我们面前：爸爸失去右腿，妈妈疾病缠身，奶奶老年痴呆，全家5口人仅靠低保度日，而家庭的贫困也使得"小马云"与哥哥至今不会写自己的名字……种种我们认为不可能的惨状全都聚集在这个风雨飘摇的家庭身上。

  身处在大山，这应该是与外面世界隔绝的群体，他们一家并不知道马云是谁，却因为网络这个连接外面世界的桥梁受到了社会大众的关注，可网络毕竟是把双刃剑，网络改变了小马云一家的生活状态，衣服、玩具、爱心捐款、食物，政府的嘘寒问暖正是因为网络媒体的曝光而纷至沓来，范小勤的生活因此多了几分色彩。不管这些捐款是真心的，还是假心的，这都寄托着社会大众对于一个贫困儿童的同情，期待一个贫困家庭脱贫，过上好日子的朴素愿望。

  但是，随着范小勤被越来越多的人知晓，一种过度网络消费的倾向值得我们警惕，这也正是网络弊端的体现。一些人看重他身上的炒作价值；有些企业希望把小马云注册为商标，吸引更多的消费者从而谋取利益；有些人干脆直接做起了网络直播，骗取社会大众的爱心捐款……这类现象不胜枚举。可是如果我们抱着消费范小勤的目的，只是利用范小勤为自己赚钱，让自己出名，这样的善心明显是扭曲的，关爱变成了一场打着爱心旗号的商业炒作，给范小勤和他的家庭带来严重的伤害。

诚然网络给我们带来了好处，改变了他们的家庭状况，但是我们不要忘了他只是个面对镜头手足无措的孩子，他们家庭也只是老实巴交的农民家庭。因此我们应该警惕这种网络的过度消费，警惕范小勤"网红效应"的危害。表面上看，范小勤的成功脱贫反映了网络舆论力量的强大，可是最根本反映的是一个刺痛人心的社会现实：贫困问题的解决任重道远，不容忽视。

正如阿里巴巴总裁马云公开回应的"这不是笑话，是沉重的现实"，反映出了一个刺痛人心的社会现实：我们的社会还有许多贫困人群等待解救，留守儿童、乡村教育、乡村医疗问题都值得我们关注。或许只是网络的舆论力量使得我们认识到了这个可怜的小男孩，但是有谁想过，等到这些社会喧嚣退去，关注度变小后，他们又该何去何从？只有从根本上解决这些社会现实问题，才能杜绝范小勤这类事件的发生。

这个现实问题就是脱贫扶贫问题，这也一直是我们全面建成小康社会的重中之重，习近平总书记强调"只要还有一个人，一个家庭处在贫困中，我们领导干部就不能安之若素"这里强调的脱贫是"360无死角"的脱贫，是"一个都不能少"的脱贫，而不是随着网络舆论的出现而暂时去关注面子上的脱贫。范小勤只是中国千千万万个贫困家庭的缩影，在帮助他时，请别忘记他身后的贫困儿童。让我们的爱心能够为所有的贫困儿童撑起一片蓝天，让他们无忧无虑地生活。

(李思雨)

第三部分

优秀选手心得体会

我在网上说点啥

很多时候，我们并没有认识到网络已经融入我们的生活，但是在生活中的各个环节我们确实在感受着网络带给我们的便捷。购物不再去商场，电子商城也会为我们配送理想的品牌和质量的货物。讨论不在聚集在一起，上网找个平台也会把自己的观点传播出去，而且受众更加广泛了。网络的迅速覆盖进一步加速了人们生活方式的变化，推动了思想观念的更新。

但是，尽管互联网作为时代的产物，带动了当前世界各个领域的转型和发展，它依然展现出了不完美的一面。在互联网时代的网络交流具有极强的隐蔽性，在大多数平台发表自己的意见只需要进行网名注册，这为界定人们所发表言论的责任承担归属问题带来了极大的不便。网络世界不缺乏大V、众多的水军和对当前状态不满的人，他们发表极具煽动性的言论扰动社会情绪，发布虚假消息造成社会恐慌，肆意泄露个人信息甚至进行人身攻击等，这些行为都对社会稳定构成威胁。部分境外势力也参与到网络舆论中来，利用隐蔽的身份抹黑中国，在美国中央情报局的"对华十条戒律"中明确指出利用网络抹黑中国，荼毒中国青少年的心灵，境外势力引导的非正常的网络舆论也成为国家安全的隐患。中国已经有七亿多网民，并且数量仍在迅速增长，网络舆论对社会稳定起到的作用越来越突出。

让网民明辨是非，分清善恶是当前网络舆论引导工作的重点。这项极其严峻的任务要求我们要迅速整合出这样一支队伍，具备广泛的深刻的研究能力，动手能写感人至深的文章，动脑能让问题暴露本质，动嘴能独树一帜引导舆论潮流。

我们已经在网络舆论引导上犯过错误。日本大地震时，日本人还不恐慌没有盐吃，国人却已经在家屯了足够二十年吃的盐，想想也是可笑至极。但是细细算来，盐慌事件的后遗症着实不小，部分地区在很长一段时间内都没有食盐在市场流通，甚至一度形成食盐有价无市的局面，对社会稳定和当地经济稳定造成极大的冲击。相关部门的辟谣没有及时跟上也是造成盐慌的重要原因。尽管历史不能假设，但是如果当时存在这样一支队伍，能够及时引导了舆论的方向，或许事情也不会发展到那样。

现在，这样的队伍正在酝酿。大学生作为网络时代的重要支撑力量，将决定这未来网络舆论的走向，不可不视之为舆论大潮中的定海神针。大学生接受了十几年的教育，科学文化水平较高，已经超出了常识辨别的水平，转而依靠专业知识对现象进行研判，对于因缺乏常识或相关知识而造成的舆论恐慌具有强有力的纠正作用。

当代大学生需要发挥自己的青春正能量，充分发挥自己在网络中的积极作用，成为社会舆论引导的核心力量。

（崔松）

用时光打磨最好的自己

我在这次的海南大学首届网评大赛中获得了三等奖，结果令我不是很满意，但我知道这只是开始，并不是结束。

当知道学院要举办每个月网评写作活动的时候，我心里是蒙的，因为不知道那是什么活动，平时也只是接触时事，在课堂上简短地说说自己的看法，对正式评论文章的撰写一无所知。虽然陌生，但是在李辽宁老师之前的课上一直培养我们对时事评论的意识，有这么点基础。于是凭借着这点基础，我开始了漫长的网络评论之路，可以确定的是这条路对于我来说是辛苦的。当时的我每天去自习的第一件事就是看时事，了解国内、国外发生的大事，特地买了笔记本把这些新闻记录下来，同时加上自己不正式的评论，作为自己的随笔和正式写作的素材。之前郭颢学长来我们院做报告的时候提出过，他不会的东西会先去看别人怎么写，去模仿，久而久之，自己也会有这样的写作能力了。这句话对我影响很深，于是我开始去学习别人的评论文章，像"《人民日报》评论员文章，《光明日报》评论员文章"等，通过学习我发现了他们写作的套路，就是在开篇会简明扼要的概括新闻的主要内容，确立论点，接着会引出社会舆论，结合具体的数据或者国家制定的有关规定来说，增加其可信度和权威性。最后会引用名人名言证明文章的论点。

我依照他们评论员文章的结构来构建我的文章，但是久而久之我发现我不知道自己写了些什么，记得有次我发了一篇评论文章给李辽宁老师，希望他能给我一点修改建议，他的回复当然给了我修改的建议，但更重要的是指出了我存在的一个问题：那就是没有自己的写作风格和形式，他说每个优秀的评论员都是有自己的写作风格以区别于别人，不然千篇一律就难以脱颖而出。我突然意识到这个问题的急迫性，反过来审视自己文章的结构，发现一味地模仿是行不通的，自己的风格很重要。

我们院专门聘请了多位擅长评论写作的专家来专题讲座，他们认真细致地讲了怎么样组织一篇评论。首先是题目的简洁性和冲击性，简短不失内涵和视觉冲击力，要足够吸引读者的兴趣，比如《人民日报》评论员一篇文章《共怀愚公志，破除改革拦路石》，标题虽然简短，但是一目了然，可以清楚地明白文章想向我们传达些什么。其次是文章的开头，背景叙述要单刀直入，不可拖泥带水，就是要用两三句话阐明你所要评论的事情。同时在叙述完整个事件后，亮"见"要及时，也是要求用简短的话语表明自己的观点。最后是正文，要有层次性，由浅及深，层层递进。每一个段落可以有一个论点，根据每段的小论点进行论述，最好的是结合数据，国家的有关规定文件来论述论点，增加文章的真实性和观点的权威性。还可以利用诗句，名人名言来说，可以增加文章的文采，吸引读者注意力。除了专业评论员老师所讲，我认为正文部分还应该由事论理，就现在发生的这件事讲到同类型的事物如何解决，比如我之前所写的"防止童工猝死现象需要多管齐下"，表面写一个童工的悲惨，实际我最终引申到了中国的童工群体，他们的未来生活将何去何从。这样升华了文章，显得更有深意。

通过老师的讲解和平时的学习和积累，我已经大致掌握了网络评论的写作方法，剩下的就是勤奋和努力了。

村上春树曾经说过："世上有可挽回的和不可挽回的事，而时间经过就是一种不可挽回的事。也许，不负光阴就是最好的努力，而努力就是最好的自己。用时光塑造最好的自己。"

（李思雨）

潜心修炼　磨刃再战

距离网络评论大赛结束已经有一个多月了，但是直到现在我依然记忆深刻。在我看来，网络评论也属于网络思想政治教育的一种形式。网络，作为新世纪技术最杰出的代表之一，作为一种生产力，它改变着人们的生活方式。网络思想政治教育的重要性也不断凸显出来，高校必须加强对大学生网络思想政治教育。

为此，我院举办了网络评论大赛。这场大赛为学生们提供了一个很好的平台，参赛选手需要根据新闻时事，找出一个论点提出自己的看法和观点，这些观点、看法必须紧扣时事。而这些评论在一定程度和范围内可以正确地引导社会舆论方向，减少偏激现象的出现。

学院为了让我们把握好网络评论的方式方法，专门邀请从事有关新闻评论的专家来为我们讲解一个好的新闻评论该如何下笔、它的写作要求以及相关注意事项等，这些知识的普及，在一定程度上有利于提高我们网络评论的能力。其实，网络评论不仅可以提高我们自己的写作能力，让自己拥有一个优于他人的优势；还可以培养我们的思维能力和鉴别能力，使得我们不再盲目的相信网上信息，也不再传播有害网络安全的信息，同时对一件时事评论不再是简单地阅读一遍，而是可以仔细思考作者所写观点，提出自己的看法，不再被他人的评论牵着鼻子走，做他人信息的传播者，因为有时我们的不经意传播更加剧了事情的严重。

在这次的大赛过程中，我也清晰地认识到自己在一些方面的缺陷：

首先，最大的也是最重要的缺点就是缺乏自信心。当我站上大赛的舞台时，我可以清楚地感觉到自己的双腿正在大幅度地颤抖，也不敢跟观众和评委老师们进行眼神的交流，只是盯着某一角，把自己的观点讲述完。在那时，我深刻地感觉到我就是一个舞台胆怯者，面对众多的观众，我无法清楚地表达出自己所思所感。此时，我知道，自己缺乏类似的舞台锻炼机会，总是怯场。在今后，我要加强自己这方面的锻炼，让自己不再惧怕表达自己的观点。

其次，写作水平和表达能力极差。当评委评论我的文章时，我的文章是漏洞百出。从题目到内容都是有问题的，而且自己文章的辞藻并不是那么准确，有时还词不达意。在十分钟的陈述时间内，我的大脑好像不听使唤了，自己当时说的是什么下去之后就忘了，而且自己所陈述的也是一塌糊涂。以后，我需要在不同的机会来锻炼自己，提高自己的写作和表达能力，掌握一些网络评论的技巧。

最后，急急忙忙结束。在同样的限定时间，其他选手可以畅所欲言，充分表达自己文章的观点。而我却觉得时间太过漫长，总想着早点结束，所以在陈述自己的观点时，不仅没有逻辑顺序，还急匆匆的，给人一种胆怯和不自信的感觉。所以，对于以后的学习中，从容不迫、逻辑思维也是需要不断培养的。

从上面的缺点中，我可以看出自己真的很糟糕，自己还有很多能力需要锻炼，很多技巧需要学习。我真诚地希望我们学院可以多举办类似这样的活动，给予更多学生锻炼自我的机会，培养学生实践能给力的同时，还能加强对学生的思想政治教育，提高学生们的政治觉悟。

学院的网络评论大赛的圆满落幕不仅是对我们参赛选手的肯定，也是对我们学院举办这次大赛的鼓舞。在这里，我真诚地希望学院可以给予了我们更多的锻炼机会，而且在以后所举办的活动中，我希望不仅是自己，其他同学也要积极并主动地参与。因为这些活动不仅能够锻炼和培养自己的能力，还丰富了自己的大学生活，为自己的精神生活添加一抹光彩。

（王萍）

新时代　新动向

海南大学第一届网络评论大赛顺利举办，这是海南大学马克思主义学院举办的重要赛事，身为马克思主义学院的一分子本人有幸全程参与了这一项比赛并且取得了一定的成绩。整个活动持续的时间很长，我自己的感触也很多，现在虽然比赛已经结束，但比赛带给我的回忆还会不时在脑中浮现。

说实话，第一次学院领导说要举办这个比赛时，我还是有点困惑甚至抵触的，因为从来没有接触过网络评论这种写作形式，所以并不知道网络评论应该写什么、怎样写，每月一篇稿子虽说不算多但也着实让人头疼。如今是网络时代，互联网已经成为了人们生活中不可或缺的一部分，智能手机上多种多样的App也使得消息的传播更为便利和迅速，与此同时各种各样的新闻也铺天盖地的涌入人们的视野，面对如此多样化的新闻，以前我或者是直接忽略或者是挑自己感兴趣的扫一眼，从来不会仔细阅读认真思考为什么会出现这样的现象，大众对于诸如此类的事件是怎样的看法，所以在写网评时经常会面对众多素材感觉无从下手，前几次的稿子也不尽如人意。后来，为了提高我们的写作能力，学院也是用心良苦，从海南日报社等权威性评论机构为我们请来了专业的老师进行专题讲座，通过他们的讲解，我清楚了网络评论是就某个新闻事实或新闻事件借助网络媒体所发表的评论。它具有反应迅速、文章短小、观点鲜明和论证新颖的特点，所以在写作过程中要尽量在题目中就直接表达自己的观点，不需要过多的修辞，论证也要言简意赅短小精悍，网评不同于其他评论文章，不需要长篇大论。在各位老师的指导下，我的评论写得越来越得心应手，对网络评论的兴趣也越来越高。

随着写稿经验的不断积累，我对网络评论的认识也越来越深刻。原本我只是觉得网络评论不过是大家借助网络这一平台发表自己的看法，在虚拟世界里畅所欲言不需要有什么顾忌，但是现在我发觉其实不然，当下的新闻太纷繁多样，他们或是反映现实生活或只是娱乐大众哗众取宠，更有很多不真实的新闻为了某些人的利益而不断被发出，大多数人在看到新闻时只会相信自己的第一感觉，极少数人会考虑事件的真实性，这就使得大众的认知很容易被网上的某种观念所影响，随着社会的进步，意识形态领域越来越成为国家安全的重要组成部分，也不断遭受着网络上各种观念的冲击，或许只是几条虚假消息就可以使多年的思想政治教育分崩离析，创建一个积极向上的网络环境显得愈发重要，而网络评论这种传播快篇幅小的文章毫无疑问是一种理想工具，身为思想政治专业的一名学生，有责任也有义务写好网评引导舆论走向、帮助网民树立正确的观念。

第一届网络评论大赛已经结束，总的来说我收益良多，通过这次比赛我的写作水平得到了一定的提升，相信在日后的学习生活中也会发挥更大的作用，希望网络评论大赛这种活动形式可以延续下去，越办越好，帮助更多的同学提高写作能力。

（罗恒）

不忘初心，继续前进

生命之于时间，总在变幻着颜色：春绿，夏红，秋黄……然而有些东西，不管岁月如何沧海桑田，却依然保持着生命的本色。写作的初心是引起社会对新闻事件的关注以及分析事件背后的本质。不忘记写作的初心，方能始终保持冷静的思考。学院举办网络时事评论大赛，提供了一个让每位学生的思想价值得到实现的平台。

2016年，学院举办了全校性的网络时事评论大赛，面向全校进行选拔。为了提高同学们的网络时事评论水平，马克思主义学院每个月都邀请专家开展专题讲座，这些讲座于我而言，获益颇多。在2016年下半年，我开始投稿。8月份，巴西奥运会进行得如火如荼，中国奥运健儿在赛场上有着精彩的表现。中国女排的表现尤为精彩，在先失一局的情况下连扳三局，以3-1逆转塞尔维亚女排，为中国代表团拿到里约奥运会第26枚金牌。这是中国女排时隔12年再次获得奥运冠军，也是她们第三次获得奥运会金牌。我便写下了《弘女排精神，谱全新乐章》的一篇时事评论文章。9月份著名演员乔任梁因抑郁症自杀，引起我对网络暴力的思考。有幸的是，我所写的这两篇评论文章均入选当月优秀时事评论文章，让我有机会参加预赛，往更高的水平发展。

著名教育家叶圣陶老先生曾说过："生活是写作的源泉，源头盛而文不竭。"要写好一篇时事评论文章，必须关注新闻热点，思考背后可能揭示的社会特质。时事评论必须紧靠当时的新闻热点，对一些社会新闻热点事件进行全面、独到的分析与评价，引起读者对新闻事件的思考与共鸣，这才不愧于一篇优秀的时事评论文章。通过预赛选拔之后，我有幸进入决赛。决赛的题目是关于"小马云"出名引发的一系列事件。通过对材料的分析，我认为范小勤从"穷在深山无人知"到"长成马云天下知"，这其中少不了网络舆论的推动。由此想到这一系列借"小马云"炒作的背后是人们的私欲在作祟。有些人为了博取眼球、哗众取宠，或是营利，不断借助范小勤炒作，让人看到了人心的丑陋面。从现象看本质，是进行写作评论所不可或缺的。

宣纸翻飞，便又是一页春秋；浓墨泼洒，就又是几载年华。新时代科技的发展，时事评论不仅刊登在报纸杂志上，还出现在互联网上。互联网时代众声喧嚣，每个人都可以是一个自媒体，都可以在网络上发声。互联网可能营造了愈发肤浅与对立的政治话语环境，挤压了良性政治对话的空间。网络上思想理论的交锋加剧了网络舆情的复杂性。在每个人都是自媒体的时代，我们更应该注意理性发声，客观事实评价新闻事件，不妄下结论误导舆论导向。全面提高新闻舆论工作的能力和水平，既是紧迫任务，又需长期努力。我们要加强网络内容建设，做强网上的正面宣传，培育积极健康的网络文化，不罔顾事实随意评论，善用新技术发表具有正能量的话语。

我十分感激学院提供的这个写作机会，让我能够不断提高自己的写作能力，同时学习其他同学优秀的写作技巧。习近平总书记在纪念中国共产党成立95周年大会上的讲话中提出要"不忘初心，继续前进。"在网络时事评论写作中，要保持清醒，砥砺前行。也要坚持不忘初心，继续前进。不负人民期待，不负时代召唤。

（苏婉真）

扶着巨人的肩膀

由我们的马克思主义学院承办的"海南大学第一届网络评论大赛"已经圆满地落下帷幕，作为一名参赛选手，我怀着真切的感动，享有着省宣传部、《海南日报》领导、校领导和院领导的关注和支持，享有着组织策划本次大赛的老师和参与筹备工作的院学生干部提供的精细周到的服务，享有着和优秀学长学姐们在赛场上进行紧张激烈角逐的平台和机遇。

如今的我虽已走出今年网评的赛场，然而年轻的战场犹在。回想着自己赛前的准备、赛中的专注、赛后得知成绩后的激动，点点滴滴萦绕在脑海，感慨颇多。若谈体会，我首先要说的，必是"我是扶着巨人的肩膀走到了现在，将来还会一直坚持走下去。"

我扶着的，是高中和大学老师们的肩膀。

现在的我，犹然记得半年前的高三生活，语文老师为我们鞭辟入里地剖析、讲解着一篇又一篇典型考场议论文；认真负责地督促我们把自己不成熟的文章修改一遍又一遍，直到符合要求；又不厌其烦地在每次临考试前为我们传授着如何高效提分的经验。大学的我，在学院老师的良苦用心中受益——每月举办的关于网络评论的讲座，使我在已有的高中议论文写作功底的基础上进一步了解了网络评论，学到了网络评论文章的写法，提高了专业素养。在高中，学校为我们提供的各种大考小考、月考周考使我的应试能力大幅提高，我能够清楚地知道自己需要提高的是哪些方面，我该怎样发挥自己的长处，我在笔试和面试前需要做些什么；在大学，学院为我的成长提供了新的更高层次的平台，每月都有的网络评论投稿使我养成了按时写时评的好习惯；学院还努力为我们争取更高层次的锻炼机遇，鼓励大家多多参与海南日报评论部的投稿！今年秋天才步入大学的我，刚刚涉足于思想政治教育专业，我的专业素养还未成型，专业功底还很薄弱，这些都是相对于学长学姐们来说的劣势。然而，凭借着老师们对我精心培养出来的本领，我依然可以有实力去和学长学姐们在大赛中角逐。

此外，我觉得自己在比赛前充分的策略性的准备也是值得一提的，这些也是从老师们身上学到的。明末清初理学家朱柏庐曾道："宜未雨而绸缪，毋临渴而掘井。"大赛前两天，我所有的手头学习和工作都紧紧围绕着网络评论大赛的准备，其他的学习任务和工作安排都先为网评大赛的准备让路。"上有政策，下有对策。"先是研究了《评分标准》，列出了每一项得分内容，并依据这些评分标准有目的、有针对性地学习《人民日报》中那些接地气的评论员文章，找到了典型的好文就背下来；"魔鬼藏在细节里"，依据《选手须知》，通过了解赛程的基本情况和注意事项，我争取把每一个小细节都做好，如比赛当天开赛前的时间安排、行程设计，甚至衣着是否得体，电脑是否已经充满电、是否有故障，比赛前的什么时间做什么，都在计划之中！

当比赛结束，热度也仿佛将要消退之际，老师对我们的一番话更是激励着我们不忘初心，继续前进："评委对我们的同学非常满意，一直在夸！老师们正努力推动明年成为省级比赛，期待大家取得更好的成绩！"

我想说，老师们，谢谢你们，你们个个都是巨人，我们这些后来的年轻人正是借助着你们的肩膀，才会成长得这样快！将来，我们会扶着你们的肩膀在人生路上一直走下去，我们也会成长为巨人，去为国家的社会主义现代化建设培养更多的巨人！

（高雨欣）

在理论与实践的滋养中
提升网络评论技能

我很高兴能有机会全程参加海南大学首届网络评论大赛的预选和决赛，很受教益，也取得了小小的成绩。以"时政大评论青年勇担当"为主题的网络评论大赛，追踪前沿热点，挥斥书生意气，指点网络江山，使我们享受到了一场思维的盛宴，视野得以大大拓展，网络评论技能得到锤炼和提升，收获颇多，感悟颇多。

大赛现场我们拿到一份网络热点事件——贫困男孩因形似小马云而受到资助的题目。题目中除了阐述小马云因形似真马云而得到帮助，也提到了一些网络主播，为博取眼球、"圈粉"，而到小马云家蹭吃蹭喝，带去困扰。我由此切入，与另一件网络主播绑架观众爱心，行"圈粉"骗钱之实的事件联系起来，强调对网络主播应当加强规范和监管，并试图剖析网络直播行业中存在乱象的原因，并以小马云事件贯穿全文的始终。我将原因归纳为相关部门监管的缺失，和从业人员对利益的盲目追逐，以此开展评论。发言后，专家评委也对我的作品进行了中肯的评价，指出了存在的不足，并给出了建议，我很受启发。总结各月投稿和决赛的体会，我想主要是以几点心得。

一 评论应追求片面的深刻，而不是全面的深刻

网络评论篇幅只有千字左右，想要在这一千字中面面俱到，恐怕是不现实的。贪多求全，往往抓不住中心，变得泛泛而谈，没有深度。我认为，网络评论不用谈的多么"高大全"，只要根据事件有自己的见

地，谈得深刻一点就算成功。我们还没有能力在评论写作中实现全面的深刻，铺陈直叙，但我们可以实现"一个观点"的片面的深刻，谈出观点，"敢于亮剑"，也能写出自己满意的作品。

二 网络评论的题目很重要

一篇网络评论，题目就是他的"眼睛"，题目起到了提纲挈领的作用，直接影响到了全文的表达。题目也不只是标题，它还关切到你的选题，全文都要服务于题目，直接关系到各个分论点或者全文内容的表达。在拟好题目方面，我还有很大不足，我喜欢在题目中开门见山地表达自己的思想，开宗明义，但是在题目的新意上还多有不足，题目往往比较普通，缺乏吸引力，还需要努力地学习、锻炼。

三 网络评论的功夫重在积累，重在练笔

在本次网络评论大赛上，很多同学才思敏捷，拿到题目一挥而就，令我很羡慕。这就是他们平时的积累，只有勤练笔，才能让思维更活跃，不会苦于无处下笔。较长时间不练笔，文笔就可能生涩了，思维也没有那么锐利了。另外，广泛的阅读对网络评论写作也很有帮助，多读书，带给我们的思想上的锻造和锤炼，尤其是思辨类的书籍，能激发我们的思考。在以后的学习生活中，我应更加注重阅读，多读一些思想性强的作品，培养自己思考的习惯，这样，再评论事件或问题时，才容易产生自己的创见。

"路漫漫其修远兮，吾将上下而求索"，海南大学首届网络评论大赛圆满结束了，但在理论与实践的滋养中提升网络评论技能的道路还很长，我会积极总结参赛心得，在平时的学习中勤练笔、勤思考，不忘初心，继续学习。

（倪圣茗）

积土成山　积水成渊

随着新媒体的快速发展，网络评论逐渐成为新媒体中传播和灌输进而控制和引导舆论的重要手段，无论是行家里手的专业写作人员，还是在网络评论写作中挥洒自如的广大网民，对新闻事件的评论在很大程度上引领着舆论的方向。

网络评论是网络媒体的灵魂和生命力，网络媒体是当今人民大众的"生活必用品"。如何让"生活必用品"充分发挥其价值，展现其生命力，网络评论占据举足轻重的地位。但网络评论的写作看似容易实则复杂，它比传统的新闻评论呈现出更多的特点和要求。

网络评论的语言兼备通俗化、幽默化、形象化等特点，以此增强评论文章的亲和力，以娱乐化效果抓住广大网民眼球，用委婉含蓄的幽默语言给人以意味深长的启迪，但也切忌打着追求幽默的旗号而用低俗的语句来误导和迎合大众。

网络评论在写法上其实并没有固定的章法，形式可以不拘一格，但最重要的是表达观点，突出观点。就自身而言，起初在写网络评论时，针对新闻事件有一些想法，但是要想写出来则毫无头绪、无从下手，后来经过学习和专业老师讲解，才逐渐懂得一些基本要求和写作手法。比如，网评要求标题新颖、选题独特、立意深远，因为现在人们都可以也都会在网上畅所欲言对一个新闻事件进行讨论、发表意见，有的以偏概全、抨击社会，有的盲目乐观、高度赞扬，有的语言泼辣，谩骂泄愤，有的娓娓道来、引人深思……要想自己的网评文章有温度、有力度、有深度，就必须善于找一个独特的视角从全局上考量事情的得失，对新闻所呈现的问题要有敏锐的把握和深刻的认识，进而形成一个论点，融合掌握的充沛论据以及正确的逻辑论证为一体。当然，网评文章也是棋布星罗、众说纷纭，要想在"网评之林"中站稳脚跟，还必须格外注重时效性，要一语中的，就事论事。

　　道理说起来都懂，实际运用起来则尤为困难，但这并不是阻挡我们前进的借口。万事开头难，我坚信"山不辞土，故能成其高；海不辞水，故能成其深"，只要我在网评道路上迈出坚定的第一步，坚持学习，坚持练习，就会取得进步。

（张青）

后　　记

　　几年来我一直在思考：思想政治教育专业的学生的核心竞争力是什么？从某种程度上讲，呈现在读者面前的这本小册子是对这个问题的回答。

　　走上大学讲坛十多年来，我在课堂上有一个"固定动作"，就是"一周时评"，让学生讲一讲一周以来发生的国内外大事。我认为，作为思想政治教育专业的学生，应该对热点前沿问题保持敏锐的触角。为了打造"思想政治教育专业学生的核心竞争力"，经过多次商讨，终于催生出"网络思想政治教育'三合一'人才培养模式研究"（课堂教学、讲座培训、网评比赛），以此作为省委宣传部和海南大学共建马克思主义学院的项目之一，在此基础上申报2016年度马克思主义理论与思想政治教育研究专项《海南省高校网络评论工作队伍与工作机制建设研究》并立项。

　　在项目实施过程中，马克思主义学院院长李德芳教授和院党委书记段捷频副教授给予了大力支持。段书记多次参与到项目的策划和实施过程中，把本项目与学院的马克思主义学习讲堂结合起来，以"时政大评论，青年勇担当"为主题，多次举办大学生网络评论大赛活动，引导大学生关注时事、观察社会、理性思考，通过提升网络评论写作能力，在网络舆论中发挥正能量作用。这也是学院不断探索高校马克思主义理论学科人才培养新模式、新渠道的重要尝试。在此过程中，思想政治理论系主任王善教授、系副主任吴朝阳副教授、学院辅导员周郭军老师和张君成老师，以及本科生韦使贺等多位同学都积极参与到活动中，为活动的顺利开展做出了重要贡献。

2016年，我院共举办了五期网络评论讲座和"月"赛，并在年底举办了网络评论大赛决赛。在此，要特别感谢海南大学党委常务副书记廖清林先生，他不仅亲自参与决赛开幕式并讲话，还欣然接受邀请，为本书撰写了序言。同时，也要感谢海南省委宣传部网络新闻管理处处长史盛东先生；儋州市委常委、宣传部长温龙先生；《海南日报》理论评论部主任吴卓先生；《南国都市报》主编陈清华先生；海南广播电视总台原副台长李公羽先生；海南大学人文传播学院朱杰副教授等资深评论员，他们在万忙之中接受邀请，为我院学生做讲座，让学生受益匪浅！也感谢中共万宁市委常委、宣传部长杨志斌先生、省委宣传部理论处邓春玲副处长、海南大学宣传部谭勇部长等为活动提供的大力支持！

本书由李辽宁总体策划并审阅，由周郭军、张君成协助编写。共收录优秀稿件86篇，优秀选手心得体会8篇，参与人数累计超过100余人，在此要对所有参与网络评论大赛的作者们表示衷心感谢。正是大家的热情参与，才使得活动取得越来越好的成效。看着大家的进步，我由衷地感到欣慰！在此，也向为本书的编辑和出版付出辛勤汗水的中国社会科学出版社任明主任和编辑等表示诚挚的谢意！

由于水平有限，本书中的作品显得很稚嫩，其中的观点也不见得完全正确，恳请广大读者批评指正。

李辽宁

2017年5月